KATY BESKOW

Vegan
EXPRESS

EINFACHE
SOULFOOD-REZEPTE

SCHNELL,
NACHHALTIG UND
100% VEGAN

KATY BESKOW

Vegan EXPRESS

EINFACHE SOULFOOD-REZEPTE

SCHNELL, NACHHALTIG UND 100% VEGAN

Mit Fotos von Luke Albert

ars vivendi ⓧ

EINFÜHRUNG

Es macht Spaß, sich das Essen bis an die Haustür liefern zu lassen. Wir versüßen uns auf diese Weise das Leben und probieren daheim ganz bequem Köstlichkeiten aus aller Welt. Für ein Take-away müsst ihr nicht selbst kochen, sondern könnt mit Freunden und Familie relaxen, während es jemand anderes für euch zubereitet. Warum bestellen wir also nicht jeden Tag unser Abendessen?

Take-away-Gerichte sind teuer. Fertiggerichte sind nie günstig, besonders wenn das Essen an einem anderen Ort zubereitet und direkt zu euch nach Hause gebracht wird. Ihr bezahlt nicht nur die Zutaten, den Koch und die Transportkosten, sondern auch noch die Verpackung, die meist aus nicht-recyclebaren Materialien besteht. Und obwohl vegane Gerichte immer häufiger auf den Speisekarten der Restaurants stehen, ist man sich oft nicht wirklich sicher, ob das Essen nicht doch mit tierischen Produkten in Berührung kam oder aus Versehen nicht-vegane Zutaten verwendet wurden.

Ich will euch nicht dazu bringen, euch nie wieder Essen liefern zu lassen. Aber bevor ihr es tut, solltet ihr an die Kostenersparnis, die Müllvermeidung, die gesundheitlichen Vorteile, das Wissen um die Inhaltsstoffe und an die Befriedigung denken, die euch überkommt, wenn ihr in eurer eigenen Küche euer Lieblingsgericht aus dem Restaurant nachzaubert.

In diesem Buch findet ihr 70 Rezepte für eure Wochenend-Lieblingsspeise, aufgeteilt auf fünf Kapitel mit amerikanischer, italienischer, indischer, chinesischer und mediterran-nahöstlicher Küche. Es ist für alle etwas dabei, ob ihr nun für euch alleine kocht oder für Familie und Freunde. Manche Rezepte sind in 15 oder 30 Minuten fertig, bei anderen erledigt der Schongarer die Arbeit für euch. Besonders praktisch sind die Gerichte, die in einem einzigen Topf zubereitet werden.

Fast alle Zutaten bekommt ihr im Supermarkt; so könnt ihr schnell loslegen. Ich habe die Gerichte vereinfacht, ohne sie geschmacklich zu verwässern, und verwende nach Möglichkeit gesündere Zubereitungsmethoden. Ihr benötigt nicht einmal außergewöhnliche Küchengeräte. Stellt euch der Challenge und bereitet die Gerichte schneller zu, als sie das Restaurant ums Eck liefern könnte!

Ich hoffe, ihr genießt die Zeit in der Küche, wenn ihr diese Rezepte für frische, vegane Alternativen zubereitet, die eurer Geldbörse, der Umwelt, den Tieren und euch selbst guttun. Gießt euch ein Glas Wein oder eine Tasse Tee ein, sucht die Zutaten zusammen und los geht's!

Schneller gekocht als geliefert!

KOCHKOMMANDO STATT LIEFERANDO!

Bevor ihr zur Speisekarte greift, um euch etwas liefern zu lassen, denkt noch mal daran, welche Vorteile es hat, echte Restaurantklassiker zu Hause zuzubereiten.

1

ZEITGEWINN

Bestellen scheint erst einmal schneller zu sein. Aber bis ihr euch für ein Gericht entschieden und es online oder telefonisch bestellt habt und bis es schließlich auf eurem Tisch steht, hättet ihr es wahrscheinlich schon selbst gekocht. Einige der Rezepte sind Gerichte für einen einzigen Topf, sodass ihr kaum Zeit mit Abspülen verschwendet! Wenn es wirklich schnell gehen soll, könnt ihr die 15-Minuten-Gerichte wie Buttrige Kichererbsen (S. 87), Schnelles Wokgemüse mit Sataysauce (S. 117), Fettuccine Alfredo (S. 64) oder Mango-Limetten-Lassi (S. 96) ausprobieren.

2

GELDERSPARNIS

Komfort muss man meist teuer bezahlen. Das ist auch der Fall, wenn man andere das Essen zubereiten und liefern lässt. Es ist wesentlich günstiger, mit Vorräten und gut erhältlichen frischen Zutaten beliebte Restaurantklassiker zu kochen. Werft das Geld, das ihr normalerweise für bestelltes Essen ausgebt, in eine Spardose und kauft euch davon etwas Schönes, was ihr schon immer haben wolltet. Ihr braucht Ideen für günstige Gerichte? Probiert die Teigbällchen zum Teilen (S. 51) und das Rotweinragù mit Tagliatelle (S. 57) aus.

3

100% VEGAN

Ihr habt die Speisekarte durchgelesen und keine tierischen Zutaten entdeckt. Nun hofft ihr einfach, dass die Gerichte tatsächlich vegan sind. Aber wie wollt ihr wissen, ob die Speisen nicht doch mit tierischen Produkten in Berührung kamen oder ob aus Versehen eine nicht-vegane Zutat im Kochtopf gelandet ist? Wer selbst kocht, wählt auch die Zutaten selbst aus. Dann könnt ihr ganz beruhigt sein, dass euer Abendessen zu 100 % vegan ist: Ohne die Sorge, ob ihr vielleicht gerade Tierprodukte esst, schmeckt es doppelt so gut. Döner Kebab mit Jackfrucht (S. 149) und Dattel-Orangen-Schnecken mit Muskatnuss (S. 153) als Nachspeise sind eine tolle vegane Überraschung.

4

KONTROLLE ÜBER FETT, SALZ UND ZUCKER

Wir alle wissen zur Genüge, dass Fast-Food-Anbieter ihre Gerichte mit riesigen Mengen an Fett, Salz und Zucker anreichern, die meist völlig unnötig sind. Wenn ihr euer Lieblingsgericht daheim zubereitet, habt ihr die volle Kontrolle. Mit Sinn und Verstand eingesetzt verwandeln diese Zutaten ein simples Essen in eine wahre Delikatesse. Gesündere Versionen der Klassiker sind z. B. Singapur-Nudeln (S. 114), Chinesisches Karotten-Cashew-Curry (S. 118) und Weiße Schokomousse mit Kiwi (S. 127).

5

WENIGER VERPACKUNG

Denkt einmal daran, wie eure letzte Essenslieferung verpackt war: Styroporschachteln, Plastikteller, Kartons mit nicht-recycelbarer Beschichtung – und das alles in einer Plastiktüte. Take-away wird oft in Einmalgeschirr aus Plastik geliefert und selbst die Kartonverpackungen lassen sich aufgrund der Fettflecken kaum im Papiermüll entsorgen. Wer zu Hause kocht, senkt den Verbrauch dieser Materialien, die sonst auf der Mülldeponie landen. Denkt auch beim Kochen daran, die Behälter von gekauften Vorräten zu recyceln oder wiederzuverwenden und möglichst frische Zutaten zu kaufen, die kaum oder gar nicht verpackt sind. Lasst euch folgende Rezepte schmecken, bei denen wenig Müll anfällt: Würzige Süßkartoffelfritten (S. 33) und Sloppy Joes mit schwarzen Bohnen (S. 36).

SCHNELLER GEKOCHT ALS GELIEFERT

Mit diesen Tipps könnt ihr euer selbst gekochtes Festmahl am Wochenende so richtig genießen.

Zu den größten Vorteilen von bestelltem Essen zählt, dass man keine Arbeit damit hat und es schon heiß geliefert wird.
In jedem Kapitel dieses Buches findet ihr ein Slow-Cooker-Rezept, bei dem ihr die Zutaten vorbereiten und den Schongarer die ganze Arbeit machen lassen könnt. Wenn ihr dann am Abend nach Hause kommt, wartet schon eine köstliche, heiße Mahlzeit auf euch! Viele Gerichte lassen sich gut einfrieren: Ihr könnt also größere Mengen kochen und sie in hitzebeständigen Behältern einfrieren. Bei Bedarf werden sie dann einfach aufgetaut und erhitzt. Friert am besten Einzelportionen in verschließbaren Gefäßen ein und vergesst nicht, den Inhalt und das Zubereitungsdatum auf den Deckel zu schreiben. Setzt diese Gerichte auf euren Wochenspeiseplan, sodass ihr sie nicht vergesst.

Wolltet ihr schon immer etwas Neues ausprobieren, ohne dafür den teuren Restaurantpreis zu bezahlen?
Für Experimente eignet sich die heimische Küche wunderbar, denn dort könnt ihr das Gericht an euren Geschmack anpassen. Beim Take-away bleibt man oft aus Vorsicht beim Altbewährten, daheim aber habt ihr die perfekte Gelegenheit, Dinge auszuprobieren. Vielleicht wird es ja euer neues Spezialgericht!

Es gibt nichts Schöneres, als Freunde und Familie zu einem Essen zu sich einzuladen.
Sie werden beeindruckt sein, wenn sie herausfinden, dass ihr alles selbst gekocht habt! Am besten bereitet ihr einige Gerichte im Voraus zu. Oder ihr entscheidet euch für Rezepte mit kurzen Garzeiten. Noch mehr Spaß macht es, Freunde und Familie mitkochen zu lassen! Da ihr durch die Zubereitung Geld gespart habt, könnt ihr eure Gäste sogar mit einem Dessert verwöhnen.

Behaltet ruhig eure Junk-Food-Rituale bei, ob es ein kaltes Bier, eine Runde Binge-Watching oder ein Abendessen im Schlafanzug ist!
Wer zu Hause isst, muss nur den eigenen Regeln folgen. Lasst es euch gut gehen!

Ihr habt gedacht, durchs Bestellen tut ihr euch mal etwas Gutes? Jetzt heißt es umdenken: Kochen ist gut für euch!
Es ist die reinste Achtsamkeitsübung – genießt also jede Minute! Gerichte für euch selbst und für Freunde zuzubereiten, stärkt das Selbstbewusstsein und steigert die Zufriedenheit.

GRUNDZUTATEN FÜR DEN VORRATSSCHRANK

Mit einem kleinen Vorrat an Grundzutaten könnt ihr im Nu hausgemachte Restaurantklassiker zaubern, wenn euch danach ist.

PASSATA, STÜCKIGE TOMATEN UND TOMATENMARK

Stückige Tomaten aus der Dose ergeben eine hervorragende Basis für viele Gerichte – von Suppen bis hin zu Burritos. Sie lassen sich nicht nur gut lagern, sondern sind auch günstig und lange haltbar. Passata besteht aus passierten Tomaten und kann zu Pastasauce und Dips verarbeitet werden. Tomatensaucen solltet ihr gut abschmecken, da Tomaten recht säurereich sein können – mit 1 Prise Zucker mildert ihr die Säure. Tomatenmark hat eine dickere Konsistenz und ein intensives Aroma – man verwendet es als Pizzabelag oder zum Aromatisieren von Currys.

KOKOSMILCH

Kokosmilch ist eine vielseitige Zutat, mit der Currys, Suppen und Desserts wunderbar cremig werden, ohne dass man Milchprodukte dazu benötigt. Kauft die normale (nicht die fettreduzierte) Variante, um eine seidige Konsistenz und ein kräftiges Aroma zu erhalten.

JACKFRUCHT

Jackfrucht aus der Dose oder vakuumverpackte Jackfrucht ist inzwischen in vielen Supermärkten erhältlich. Sie ist schnell zubereitet: Entweder gießt man einfach das Wasser oder die Einlegflüssigkeit ab oder man spült das Fruchtfleisch mit Wasser ab. Dieses kann zerfasert oder im Ganzen verwendet werden. Ihr könnt es wie Fleisch für Döner, Currys oder zerfasert als Füllung für Pitabrote zubereiten.

BOHNEN UND HÜLSENFRÜCHTE

Dosen mit Kichererbsen, Limabohnen, Kidneybohnen und grünen Linsen solltet ihr immer vorrätig haben. Aus diesen günstigen Proteinquellen lassen sich in wenigen Minuten unterschiedlichste Mahlzeiten zubereiten. Die Hülsenfrüchte abseihen und gründlich abspülen. Getrocknete rote Linsen sind preiswert und halten lange; sie sind ideal für ein aromatisches Dhal.

PASTA UND NUDELN

Die meisten getrockneten Pastasorten im Supermarkt sind keine Eiernudeln, sondern bestehen nur aus Hartweizengrieß. Aber lest euch vor dem Kauf besser die Zutatenliste durch. Getrocknete Pasta lässt sich gut lagern und ergibt in rund 10 Minuten ein schnelles Abendessen. Kauft lieber keine tiefgekühlten Nudeln, da sie meist Ei enthalten. Greift eher zu Reis- oder Woknudeln und überprüft, ob tierische Produkte darin verarbeitet sind.

GEWÜRZMISCHUNGEN UND -PASTEN

Ergänzt eure Lieblingsgewürze durch Gewürzmischungen, die verschiedene Aromen vereinen, wie z. B. Currypulver, Garam Masala und chinesisches Fünf-Gewürze-Pulver. Sie nehmen weniger Platz im Gewürzregal weg und machen das Kochen unkomplizierter. Fertige (vegane!) Currypasten bilden eine exzellente Grundlage und sind sehr praktisch. Nach dem Öffnen im Kühlschrank aufbewahren.

ÖLE

Sonnenblumenöl ist ideal zum Kochen, da es einen relativ neutralen Geschmack hat und sich vielseitig zum Braten und Backen verwenden lässt. Nehmt für Salate und Pasta natives Olivenöl extra, da es intensiver und würziger schmeckt, aber auch teurer ist.

ZUCKER UND SALZ

Einer der Vorteile beim Selbstkochen ist, dass ihr es in der Hand habt, wie viel Zucker und Salz euer Essen enthält. 1 kleine Prise Zucker reduziert die Säure von Tomatengerichten und sorgt bei Desserts und Backwaren für die perfekte Süße. Salz intensiviert das Aroma eines fertigen Gerichts; verwendet es sparsam und kauft Meersalzflocken von guter Qualität.

FRISCHE LIEBLINGSZUTATEN

Mit den passenden frischen Zutaten hebt ihr eure Koch-Sessions auf ein neues Level.

TOFU

Naturtofublöcke sollten vor der Zubereitung in einer Tofupresse ausgedrückt werden. Oder ihr wickelt den Block in Küchenpapier und legt ihn auf einen Teller. Dann einen weiteren Teller obenauf legen, mit einigen Töpfen oder Büchern beschweren und 1 Stunde pressen. Feste Tofublöcke verwendet man zum Aufschneiden, Braten oder Backen. Seidentofu dagegen wird nicht gepresst. Er wird in halbflüssiger Form angeboten und eignet sich als cremige Basis für Desserts und Saucen.

MILCH-, KÄSE- UND JOGHURTERSATZ

In Supermärkten findet ihr eine wachsende Zahl an Milchersatzprodukten. Ultrahocherhitzte Soja-, Mandel- oder Hafermilch ist länger haltbar und muss erst nach dem Öffnen im Kühlschrank aufbewahrt werden. Ungesüßte Sojamilch eignet sich sehr gut zum Kochen, aber probiert einfach verschiedene Arten von Pflanzenmilch aus, bis ihr eure liebste Sorte entdeckt habt. Auch veganer Käse ist in den meisten Supermärkten erhältlich. Wählt jeweils passend zum Rezept euren Lieblingskäse. Ungesüßter Soja- oder Kokosjoghurt sollte auch immer vorrätig sein, da beide für herzhafte und süße Gerichte verwendbar sind.

OBST UND GEMÜSE

Obst und Gemüse sollten stets frisch und appetitlich aussehen, ob im Super- oder auf dem Wochenmarkt oder aber aus dem eigenen Schrebergarten. Am aromatischsten und günstigsten ist saisonales Obst und Gemüse. Außerhalb der Saison könnt ihr auch die Tiefkühlvariante wählen. So werden Lebensmittel nicht unnötig weggeworfen, da ihr nur die benötigte Menge aus der Verpackung nehmt und den Rest wieder in den Tiefkühler legt. Vor allem Butternusskürbis, Erbsen, Mais, Süßkartoffel und Spinat lassen sich gut einfrieren. Auf eurer Einkaufsliste sollten auch Bio-Zitronen und -Limetten stehen (gewachste Zitrusfrüchte sind nicht vegan), da ein Spritzer hiervon euer Gericht mit minimalem Aufwand aufpeppt.

FRISCHE KRÄUTER

Neben einigen getrockneten sollten in der Küche auch frische Kräuter nicht fehlen. Holzige Kräuter wie Rosmarin, Salbei und Thymian lassen sich gut getrocknet verwenden, aber Blattkräuter wie glatte Petersilie, Koriandergrün, Basilikum und Minze verwendet man besser frisch und würzt die Gerichte damit erst kurz vor dem Servieren. Frische Kräuter solltet ihr an einem hellen, kühlen Ort in ein Glas Wasser stellen, dann halten sie länger.

AMERIK

MENÜ FÜR 4 PERSONEN

Dirty Nachos (Seite 21)

Ofen-Fajitas (Seite 32)

Würzige Süßkartoffelfritten (Seite 33)

Lime Pies ohne Backen (Seite 43)

Knusprige Wings, cremige Mac 'n' Cheese, Tacos und natürlich Blaubeermuffins – dieses American Style Junk Food ist kaum zu toppen, oder? Und wenn dann alles noch vegan und leicht zuzubereiten ist und köstlich schmeckt, könnt ihr eure All-American-Night daheim so richtig genießen.

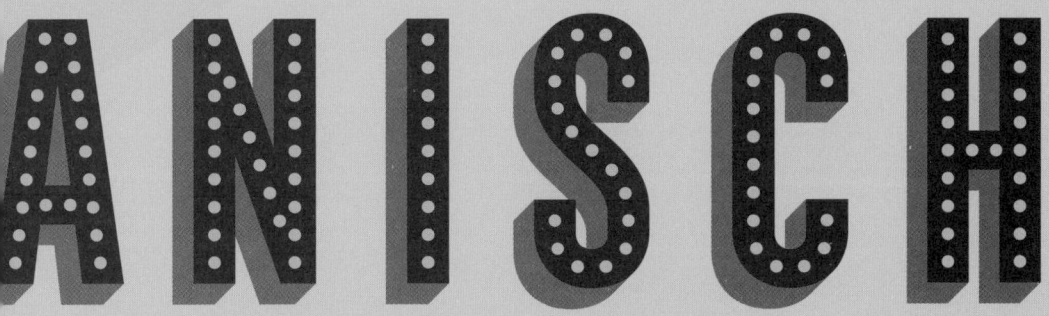

ANISCH

KLEBRIGE BBQ-BLUMENKOHL-WINGS MIT RANCHDIP

FÜR 4 PERSONEN ALS BEILAGE ODER SNACK

Es gibt kaum einen köstlicheren Snack als diese klebrigen Blumenkohl-Wings mit ihrer goldbraunen Kruste. Ihr könnt eine gekaufte BBQ-Sauce mit Chiliflocken verfeinern, damit sie noch intensiver schmeckt. Mit Panko-Paniermehl aus dem Asialaden wird die Kruste wunderbar knusprig. Diese Wings solltet ihr frisch gebacken zusammen mit einem kühlenden Ranchdip servieren.

Für die Blumenkohl-Wings
200 ml BBQ-Sauce (vegan)
2 EL Sonnenblumenöl
2 TL Knoblauchpulver
½ TL Chiliflocken
100 g Panko-Paniermehl
1 mittelgroßer Blumenkohl, in
   mundgerechte Röschen zerteilt
1 Frühlingszwiebel, in feine Ringe
   geschnitten

Für den Ranchdip
4 EL vegane Mayonnaise
2 EL ungesüßter Sojajoghurt
1 gute Handvoll Schnittlauchröllchen
1 kleine Handvoll glatte Petersilie, fein
   gehackt
Meersalz und schwarzer Pfeffer aus der
   Mühle
1 Prise geräuchertes Paprikapulver
natives Olivenöl extra zum Beträufeln

✳

Den Backofen auf 200 °C (Ober-/Unterhitze) vorheizen.
BBQ-Sauce, Öl, Knoblauchpulver und Chiliflocken vermengen.

Das Panko-Paniermehl auf einem Teller verteilen. 1 Blumenkohlröschen in die BBQ-Mischung tauchen, abtropfen lassen und dann im Paniermehl wenden. Auf ein Backblech legen und mit den restlichen Röschen ebenso verfahren.
15 Minuten backen, dann mit einem Pfannenwender vorsichtig wenden. Weitere 10–15 Minuten backen, bis alles goldbraun ist.

Inzwischen für den Ranchdip Mayonnaise und Sojajoghurt vermengen, dann Schnittlauchröllchen und Petersilie unterrühren. Mit Meersalz und reichlich Pfeffer würzen und mit Paprikapulver und 1 Schuss Olivenöl verfeinern.
Die klebrigen BBQ-Wings aus dem Backofen holen, mit den Frühlingszwiebeln bestreuen und heiß servieren. Dazu den kühlenden Dip reichen.

✦ SO GEHT'S SCHNELLER
✳ Wenn ihr eine Extraportion BBQ-
○ Sauce zubereitet, könnt ihr sie im Kühlschrank bis zu 1 Monat aufbewahren.

DIRTY NACHOS

FÜR 4 PERSONEN

Diese scharfen Tortillachips haben es in sich – ideal als Vorspeise oder als lässiger Snack. Geschmolzener veganer Käse, grüne Chilis, würzige Essiggurken und sonnengetrocknete Tomaten krönen die Chips. Zum Abkühlen reicht ihr den Dip mit Schnittlauchmayonnaise.

4 große, weiche, helle Tortillawraps, in Dreiecke geschnitten
2 EL Sonnenblumenöl
1 Prise Knoblauchpulver
100 g mittelreifer veganer Käse, gerieben
1 grüne Chili, in dünne Ringe geschnitten
6 sonnengetrocknete Tomaten in Öl, abgeseiht und grob gehackt
2 kleine Essiggurken, in Scheiben geschnitten
1 Handvoll Schnittlauchröllchen
2 EL vegane Mayonnaise
Meersalz und schwarzer Pfeffer aus der Mühle
natives Olivenöl extra zum Beträufeln
1 Prise geräuchertes Paprikapulver

✳

Den Backofen auf 180 °C (Ober-/Unterhitze) vorheizen.

Die Tortilladreiecke auf einem großen Backblech verteilen und mit dem Sonnenblumenöl beträufeln und einreiben. Mit Knoblauchpulver bestreuen und 5 Minuten knusprig backen.

Das Backblech aus dem Backofen holen und die Chips mit Käse, Chili, sonnengetrockneten Tomaten und Essiggurken belegen. Wieder in den Backofen schieben und weitere 3–4 Minuten backen, bis der Käse zu zerlaufen beginnt.

Inzwischen Schnittlauchröllchen und Mayonnaise in einer kleinen Schüssel vermengen. Einige Schnittlauchröllchen zum Garnieren beiseitestellen. Mit Meersalz und Pfeffer abschmecken und mit Olivenöl beträufeln.

Die Tortillachips aus dem Backofen nehmen und auf einem Servierteller verteilen. Die Schnittlauchmayonnaise dazureichen. Mit 1 Prise Paprikapulver und den restlichen Schnittlauchröllchen bestreuen und servieren.

 SO GEHT'S SCHNELLER
Die Toppings lassen sich bis zu 3 Tage im Voraus zubereiten und in einem luftdichten Behälter im Kühlschrank aufbewahren.

ULTIMATIVE MAC 'N' CHEESE

REICHLICH FÜR 2 PERSONEN

Hiermit habt ihr das ultimative vegane Rezept für Mac 'n' Cheese gefunden, das in gut 30 Minuten fertig ist. Serviert echt amerikanisch Pekannuss-Cranberry-Slaw dazu (gegenüberliegende Seite) oder Dirty Nachos (siehe S. 21)!

Sauce lässt sich gut einfrieren

2 mittelgroße Süßkartoffeln, geschält und
   gewürfelt (à 2 cm)
200 ml ungesüßte Sojamilch
150 g mittelreifer veganer Käse, gerieben
1 Handvoll Schnittlauchröllchen
Meersalz und schwarzer Pfeffer aus der
   Mühle
200 g getrocknete Makkaroni (ohne Ei)

✳

Den Backofen auf 200 °C (Ober-/Unter-
hitze) vorheizen.

Wasser in einem großen Topf bei hoher
Hitze zum Kochen bringen und die Süßkartoffeln zugeben. 15–20 Minuten kochen, bis sie weich sind.

Die Würfel mit einem Schaumlöffel aus
dem Topf heben (das Wasser für die Makkaroni aufheben) und in einen Mixer füllen. Die Sojamilch zugießen und auf hoher
Stufe pürieren. Falls ihr keinen Mixer habt, könnt
ihr auch einen Pürierstab verwenden.

Den Großteil des veganen Käses und der
Schnittlauchröllchen in die Sauce einrühren und mit Salz und Pfeffer abschmecken.

Die Makkaroni in den Topf mit kochendem
Wasser geben und bei mittlerer bis hoher
Hitze 8–10 Minuten al dente kochen.
Abseihen und wieder in den Topf füllen.

Mit der Sauce übergießen und alles
gründlich vermengen. In eine Auflaufform
füllen, mit dem restlichen veganen Käse
bestreuen und 10 Minuten backen, bis die
Sauce blubbert. Auf Schüsseln verteilen,
mit dem restlichen Schnittlauch garnieren
und servieren.

 SO GEHT'S SCHNELLER
Die Sauce könnt ihr bis zu 2 Tage im
Voraus zubereiten. Nach dem Kochen abkühlen lassen und in einem
luftdichten Behälter im Kühlschrank
aufbewahren oder einfrieren.

PEKANNUSS-CRANBERRY-SLAW

FÜR 4 PERSONEN

Dieser cremig-säuerliche Slaw verbindet zwei klassisch amerikanische Aromen – Pekannuss und Cranberry. Dazu könnt ihr Ofen-Fajitas (S. 32) oder Ultimative Mac 'n' Cheese (gegenüberliegende Seite) servieren. Auch als Beilage zu den Panierten Cheese Dippers (S. 39) macht er sich gut.

1 kleiner Weißkohl, Strunk entfernt und in feine Streifen geschnitten
1 Karotte, geschält und gerieben
2 Frühlingszwiebeln, fein gehackt
8 Pekannüsse, grob gehackt
2 EL getrocknete Cranberrys
2 gehäufte EL vegane Mayonnaise
schwarzer Pfeffer aus der Mühle

Weißkohl, Karotte, Frühlingszwiebeln, Pekannüsse und Cranberrys in einer großen Schüssel vermengen.

Die Mayonnaise hinzufügen und gründlich vermischen.

Kurz vor dem Servieren mit schwarzem Pfeffer würzen.

SO GEHT'S SCHNELLER
Der Slaw hält sich im Kühlschrank in einem luftdichten Behälter 2 Tage.

TORTILLA-PIZZAHAPPEN AUS DER MUFFINFORM

ERGIBT 8 STÜCK

Als Freitagabend-Essen fast unschlagbar! Diese knusprigen Minipizzas haben genau die richtige Größe, um sie sich schnell in den Mund zu schieben, während man mit wichtigeren Dingen wie Binge-Watching beschäftigt ist. Und außerdem sind sie in 10 Minuten zubereitet!

Tortillas lassen sich gut einfrieren

2 TL Sonnenblumenöl
3 große weiche Tortillawraps
6 EL Tomatenmark
150 g mittelreifer veganer Käse, gerieben
1 kleine Handvoll TK-Mais oder Mais aus der Dose
1 Prise getrockneter Oregano
8 kleine Champignons, geputzt und halbiert
8 Kirschtomaten, halbiert
schwarzer Pfeffer aus der Mühle

✳

Den Backofen auf 180 °C (Ober-/Unterhitze) vorheizen. Die 8 Mulden einer Muffinform mit Sonnenblumenöl bestreichen und die Form beiseitestellen.

Die Tortillawraps auf einer sauberen Arbeitsfläche aufeinander legen. 16 Kreise ausschneiden (so groß, dass die Muffinmulden damit ausgekleidet sind).

Jede Mulde mit 1 Tortillakreis auslegen und mit etwas Öl bestreichen. Jeweils 1 weiteren Tortillakreis obenauf legen, sodass eine doppelte Lage entsteht.

Tomatenmark, veganen Käse, Mais und Oregano in einer Rührschüssel vermengen und die Mischung auf die Tortillaförmchen verteilen.

Champignons und Tomaten in die Förmchen geben und leicht andrücken. Dann 10 Minuten backen, bis die Ränder goldbraun sind und die Füllung blubbert.

Einige Minuten abkühlen lassen, dann die Minipizzas aus den Mulden heben und auf einen Servierteller legen. Etwas schwarzen Pfeffer darübergeben.

 SO GEHT'S SCHNELLER

Die Tortillakreise lassen sich im Voraus zubereiten. In einem luftdichten Behälter sind sie 2–3 Tage haltbar. Man kann sie sogar tiefkühlen und vor dem Verzehr auftauen.

SUPER EINFACHE BURRITOS

FÜR 4 PERSONEN

Burritos sind ein unkomplizierter, würziger Tex-Mex-Klassiker, ob zum Abendessen, als herzhaftes Frühstück oder zum Brunch am Wochenende: Werft die Zutaten einfach in den Schongarer und überlasst ihm die Arbeit. Pekannuss-Cranberry-Slaw (S. 23) passt bestens dazu.

Füllung lässt sich gut einfrieren

2 Süßkartoffeln, geschält und gewürfelt (à 2 cm)
1 Zwiebel, geschält und in dicke Scheiben geschnitten
1 rote Paprikaschote, in dicke Ringe geschnitten
200 g Mais (aus der Dose), abgeseiht
500 g stückige Tomaten (aus der Dose)
400 g Kidneybohnen (aus der Dose), abgeseiht und abgespült
2 TL mildes Chilipulver
1 TL geräuchertes Paprikapulver
¼ TL gemahlener Zimt
4 EL Basmatireis
1 gute Prise geräuchertes Meersalz
1 Handvoll Koriandergrün, grob gehackt
4 große weiche Tortillawraps
100 g mittelreifer veganer Käse, gerieben

✳

Den Schongarer auf niedriger Stufe vorheizen.

Süßkartoffeln, Zwiebel, Paprikaschote, Mais, Tomaten, Kidneybohnen, Chilipulver, Paprikapulver und Zimt in den Schongarer geben.

Den Reis mit 100 ml kaltem Wasser einrühren und den Deckel des Schongarers auflegen. Auf niedriger Stufe 6 Stunden garen, bis die Süßkartoffeln weich und der Reis gar sind. Mit geräuchertem Meersalz abschmecken und das Koriandergrün unterrühren.

Die Tortillawraps jeweils auf ein Stück Alufolie legen und mit dem geriebenen veganen Käse bestreuen. Die Füllung darauf verteilen, die Tortillas fest zusammenrollen und mit der Alufolie umwickeln. Heiß servieren.

✦ TIPPS & TRICKS

Gebt nicht der Versuchung nach, mehr Flüssigkeit in den Schongarer zu schütten – sie kann nicht wie auf dem Herd verdampfen. Die Füllung für den Burrito soll leicht stärkehaltig sein, weshalb ich für dieses Rezept Basmatireis empfehle.

✦ SO GEHT'S SCHNELLER

Die Füllung aus dem Schongarer lässt sich gut einfrieren. Im Kühlschrank hält sie sich abgedeckt bis zu 2 Tage.

DER REUBEN-BAGEL

FÜR 4 PERSONEN

Das Reuben-Sandwich ist das ultimative amerikanische Sandwich: Traditionell wird es mit unveganem Pastrami, Käse, Essiggurken und Senfdressing belegt. Statt Pastrami könnt ihr glasierte Aubergine verwenden, die in der Pfanne gebraten wird. Dazu kommen veganer Frischkäse, Sauerkraut und Russisches Dressing. Auch Fleisch-esser lieben dieses Sandwich (wir müssen ihnen ja nicht verraten, dass es vegan ist).

Sonnenblumenöl zum Braten
2 EL helle Sojasauce
¼ TL geräuchertes Paprikapulver
1 Aubergine, in 1 cm dicke Scheiben
  geschnitten

Für das Russische Dressing
2 EL vegane Mayonnaise
1 TL scharfer Senf
1 TL Tomatenketchup
1 kleine Handvoll Dill, fein gehackt
1 Prise Meersalz

Für die Bagels
4 Bagels Natur, horizontal halbiert
4 gehäufte TL veganer Frischkäse
1 kleines Bund Dill
4 EL Sauerkraut

✳

1 Schuss Öl in einer großen Pfanne bei mittlerer Temperatur erhitzen. Inzwischen Sojasauce und geräuchertes Paprikapulver verquirlen. Die Auberginenscheiben in den Sojasaucenmix tauchen, sodass sie rundum gut bedeckt sind.

Die Scheiben in die Pfanne legen und auf mittlere bis hohe Temperatur erhöhen.

Von jeder Seite 5 Minuten portionsweise knusprig braten. Dabei die bereits fertigen Scheiben zwischen Küchenpapier warm halten.

In der Zwischenzeit für das Russische Dressing Mayonnaise, Senf, Ketchup, Dill und Salz in einer Schüssel vermengen und beiseitestellen.

Wenn alle Auberginenscheiben fertig gebraten sind, die Bagelhälften mit der aufgeschnittenen Seite in die Pfanne legen und 1–2 Minuten leicht rösten. Danach die untere Bagelhälfte mit veganem Frischkäse bestreichen. Mit 2 Auberginenscheiben, etwas Dill und 1 EL Sauerkraut belegen. Mit dem Russischen Dressing beträufeln und mit der oberen Bagelhälfte bedecken. Heiß servieren.

✦ **SO GEHT'S SCHNELLER**

Aubergine und Russisches Dressing lassen sich am Vortag zubereiten und im Kühlschrank in einem luftdichten Behälter aufbewahren.

COLA-SÜSSKARTOFFEL-TACOS MIT MAIS-SALSA

FÜR 4 PERSONEN

Mit Cola glasierte Süßkartoffeln und rote Kidneybohnen ergeben die perfekte Tacofüllung, verfeinert mit einer erfrischenden Salsa. Ihr könnt den Mais auf dem Grill oder mit dem Flambierbrenner anbräunen, damit die Salsa ein schönes Raucharoma bekommt. Die ganze Familie wird von diesen Tacos begeistert sein!

Füllung lässt sich gut einfrieren

1 EL Sonnenblumenöl
2 mittelgroße Süßkartoffeln, geschält und
    gewürfelt (à 1 cm)
½ TL gemahlener Zimt
½ TL Chiliflocken
300 ml Cola
1 EL BBQ-Sauce (vegan)
400 g Kidneybohnen (aus der Dose),
    abgeseiht und abgespült
1 kleine Handvoll Koriandergrün, grob
    zerpflückt
1 gute Prise geräuchertes Meersalz
8 knusprige Taco Shells zum Servieren

Für die Mais-Salsa
200 g Mais (aus der Dose), abgeseiht und
    abgespült
1 kleine rote Zwiebel, geschält und fein
    gewürfelt
frisch gepresster Saft von ½ Bio-Limette

✳

Das Öl in einer großen Pfanne erhitzen, die Süßkartoffeln zugeben und bei mittlerer bis hoher Hitze 5 Minuten braten, bis sie allmählich etwas weich werden. Zimt und Chiliflocken unterrühren.

Cola und BBQ-Sauce zugießen und 15–20 Minuten köcheln lassen, bis die Cola eingekocht und die Sauce klebrig ist. Die Kidneybohnen zugeben und gut vermengen. Mit dem Koriandergrün bestreuen und mit geräuchertem Meersalz abschmecken.

Für die Salsa Mais und rote Zwiebel vermengen und den Limettensaft unterrühren.

Süßkartoffeln und Bohnen auf die Taco Shells verteilen und mit der Mais-Salsa krönen. Sofort servieren.

 SO GEHT'S SCHNELLER
Die gebratenen Cola-Süßkartoffeln und Bohnen lassen sich einfrieren. Vor dem Verzehr gut auftauen und erhitzen. Die Salsa schmeckt am besten frisch zubereitet.

OFEN-
FAJITAS

An manchen Abenden will man nur ein paar Zutaten in die Auflaufform werfen und dem Backofen die Arbeit überlassen. Ohne großen Aufwand könnt ihr Paprikaschoten, Champignons und rote Zwiebeln mit mexikanischen Gewürzen braten.

1 rote Paprikaschote, in Streifen geschnitten
1 gelbe Paprikaschote, in Streifen geschnitten
2 rote Zwiebeln, geschält und in dünne Halbringe geschnitten
2 Portobello-Champignons oder große Champignons, geputzt und in dicke Scheiben geschnitten
2 EL Sonnenblumenöl
2 TL Fajitagewürz
1 TL geräuchertes Paprikapulver
geräuchertes Meersalz und schwarzer Pfeffer aus der Mühle
1 kleine Handvoll Koriandergrün, zerpflückt
frisch gepresster Saft von ½ Bio-Limette
4 große weiche Tortillawraps
1 Avocado, geschält, entkernt und in Scheiben geschnitten
1 Salatherz, geviertelt und Mittelstrunk entfernt

✳

Den Backofen auf 200 °C (Ober-/Unterhitze) vorheizen.

Paprikaschoten, Zwiebeln und Champignons in einer Auflaufform verteilen.

Öl, Fajitagewürz und Paprikapulver in einer kleinen Schüssel vermengen und dann über das Gemüse träufeln. Alles gut verrühren, sodass das Gemüse rundum von Gewürzöl bedeckt ist. 25 Minuten backen.

Die Auflaufform vorsichtig aus dem Backofen holen und das Gemüse mit geräuchertem Meersalz und schwarzem Pfeffer würzen. Mit dem Koriandergrün bestreuen und den Limettensaft unterrühren.

Die Tortillawraps jeweils auf einen Teller legen und mit Avocadoscheiben und Salatblättern belegen. Das Gemüse großzügig darauf verteilen und die Wraps zu Fajitas zusammenklappen.

 TIPPS & TRICKS

Fajitagewürz ist eine fertige Gewürzmischung, die im Supermarkt in der Gewürzabteilung zu finden ist. So spart ihr Zeit und Mühe und müsst die einzelnen Kräuter und Gewürze nicht selbst zusammenmixen!

WÜRZIGE SÜSSKARTOFFELFRITTEN

FÜR 2 PERSONEN

Gibt es Leute, die keine Süßkartoffelfritten lieben? Diese hier werden im Ofen gebacken statt frittiert – dafür solltet ihr den Backofen unbedingt vorheizen. Nur so werden die Fritten außen knusprig und innen fluffig. Mit der Gewürzmischung schmecken sie wie vom Take-away.

2 mittelgroße Süßkartoffeln, geschält und in 1 cm breite Fritten geschnitten
2 EL Sonnenblumenöl
1 TL geräuchertes Paprikapulver
1 TL Knoblauchpulver
1 TL Meersalz
1 Prise gemahlener Zimt

Den Backofen auf 220 °C (Ober-/Unterhitze) vorheizen.

Süßkartoffelfritten und Sonnenblumenöl in einer großen Schüssel vermengen.

Geräuchertes Paprikapulver, Knoblauchpulver, Meersalz und Zimt in einer kleineren Schüssel vermengen. Über die Süßkartoffeln streuen und einarbeiten, bis sie rundum gut bedeckt sind.

Die Süßkartoffeln auf 2 Backbleche verteilen, ohne dass sich die Fritten berühren – so backen sie gleichmäßig und werden schön knusprig. 20 Minuten backen, bis sie goldbraun und an den Kanten kross sind. Heiß servieren.

✦ SO GEHT'S SCHNELLER
Die Gewürzmischung kann im Voraus zubereitet werden. In einem luftdichten Schraubglas hält sie sich bis zu 4 Wochen – warum nicht mal für Ofenkartoffeln ausprobieren? Die Zutatenmenge für dieses Rezept kann problemlos verdoppelt werden, wenn ihr für mehr als 2 Personen kocht.

SLOPPY JOES MIT SCHWARZEN BOHNEN

FÜR 4 PERSONEN

Ihr seid auf der Suche nach günstigen Fast-Food-Gerichten? Dann habt ihr den perfekten Kandidaten gefunden! Zwar sind vegane Burger inzwischen überall bekannt, diese Variante kann allerdings als echt amerikanisch gelten: Das Kleckern beim Essen gehört dazu – ein Hit für die ganze Familie!

1 EL Sonnenblumenöl
2 rote Paprikaschoten, fein gewürfelt
6 Frühlingszwiebeln, grob gehackt
2 TL Rohrohrzucker
2 TL geräuchertes Paprikapulver
1 Prise gemahlener Zimt
800 g schwarze Bohnen (aus der Dose), gut abgeseiht und abgespült
4 EL Tomatenmark
4 EL BBQ-Sauce (vegan)
4 Hamburgerbrötchen, horizontal halbiert
1 gute Prise geräuchertes Meersalz
1 Avocado, geschält, entkernt und in Scheiben geschnitten
1 kleines Bund Rucola

✳

Das Öl in einer Pfanne erhitzen, Paprikaschoten und Frühlingszwiebeln zugeben und bei mittlerer bis hoher Hitze 2–3 Minuten braten, bis die Paprika allmählich weich werden. Zucker, Paprikapulver und Zimt einrühren und das Gemüse 1 weitere Minute braten.

Schwarze Bohnen, Tomatenmark und BBQ-Sauce zufügen und 10 Minuten köcheln lassen. Dabei häufig umrühren, damit nichts anhaftet.

In der Zwischenzeit die Hamburgerbrötchen leicht grillen oder toasten.

Die Bohnenmischung mit Meersalz abschmecken und auf den Hamburgerhälften verteilen. Mit Avocadoscheiben und Rucola belegen und sofort servieren.

 ### TIPPS & TRICKS

✳ Schwarze Bohnen aus der Dose bekommt man in großen Supermärkten.
○ Sie sparen Zeit und sind schnell zubereitet. Falls ihr keine schwarzen Bohnen finden könnt, nehmt als Alternative grüne Linsen oder Adukibohnen aus der Dose.

PANIERTE CHEESE DIPPERS

REICHLICH FÜR 2 PERSONEN

Außen knusprig, innen cremig geschmolzener Käse – und dabei sind vegane Cheese Dippers auch noch schnell gemacht! Normalerweise werden Käsesticks frittiert, doch diese Variante müsst ihr nur backen. Das Panko-Paniermehl wird in der Pfanne geröstet; mit diesem Trick dauert das Backen nicht so lange und die Dippers zerlaufen nicht! Zum Dippen ein Schüsselchen mit Tomatenketchup servieren.

5 EL Panko-Paniermehl
1 gute Prise schwarzer Pfeffer aus der Mühle
1 Block (200 g) veganer Käse (Typ »Cheddar« oder »Mozzarella«), gekühlt
2 gehäufte EL veganer Frischkäse

Den Backofen auf 200 °C (Ober-/Unterhitze) vorheizen.

Das Paniermehl in einer großen Pfanne bei mittlerer bis hoher Hitze 3–5 Minuten rösten, bis es einen leichten Goldton annimmt. Damit es nicht anbrennt, die Pfanne gelegentlich schwenken.

Das Paniermehl mit schwarzem Pfeffer würzen, in eine flache Schale füllen und kurz abkühlen lassen.

Den Käseblock halbieren und jede Hälfte in 5 dicke Sticks schneiden. Alle Seiten der Sticks mit Frischkäse bestreichen und dann mit etwas Druck im Paniermehl wälzen.

Die panierten Cheese Dippers auf einem Backblech verteilen und 5–7 Minuten backen, bis der Käse heiß ist. Aus dem Backofen holen und sofort servieren.

✦ TIPPS & TRICKS

Das Panko-Paniermehl macht diese Cheese Dippers schön knusprig. Ihr findet es in großen Supermärkten, meist bei der Asia-Feinkost.

TOFISH & CHIPS IN BIERTEIG

FÜR 4 PERSONEN

Ohne Tierleid heißt nicht gleich ohne Geschmack. Hier umhüllt goldbrauner Bierteig zarten Tofu. Nori-Algenblätter verleihen dem Tofish echtes Ozeanaroma (Noriblätter gibt es in der Asia-Abteilung großer Supermärkte oder im Asialaden).

Für die Pommes
4 große, vorwiegend festkochende
   Kartoffeln, geschält und in 2 cm dicke
   Pommes geschnitten
2 EL Sonnenblumenöl
1 Spritzer Malz- oder Apfelessig
1 Prise Meersalz

Für den Tofish
200 g Mehl
2 EL Speisestärke
1 Prise gemahlene Kurkuma
1 kleine Handvoll frischer Dill, fein gehackt
1 TL Meersalz
1 gute Prise schwarzer Pfeffer aus der
   Mühle
300 ml kaltes Bier (vegan)
2 Blöcke (à 280 g) fester Tofu, abgeseiht
   und gepresst (siehe S. 14)
4 Nori-Algenblätter
500 ml Sonnenblumenöl
Bio-Zitronenspalten zum Servieren

✳

Den Backofen auf 200 °C (Ober-/Unterhitze) vorheizen. Die Kartoffeln unter fließendem kalten Wasser abspülen und trocken tupfen. Auf einem Backblech verteilen, mit dem Sonnenblumenöl beträufeln und 50 Minuten goldbraun backen.

Inzwischen für den Tofish Mehl, Speisestärke, Kurkuma, Dill, Meersalz und Pfeffer in einer großen Schüssel vermengen. Das Bier langsam zugießen und gut verquirlen, damit sich keine Klümpchen bilden. Den Teig im Kühlschrank aufbewahren, während der Tofu zubereitet wird.

Die beiden Tofublöcke jeweils horizontal durchschneiden, sodass 4 dünne Rechtecke entstehen. Jedes mit einem Noriblatt bedecken und fest andrücken. Das Öl in einer großen, tiefen Pfanne bei mittlerer Temperatur erhitzen. Die Tofuscheiben in den Bierteig tauchen, sodass sie rundum bedeckt sind und vorsichtig in das heiße Öl einlegen. 3–4 Minuten auf einer Seite backen, dann wenden und frittieren, bis sie leicht goldfarben sind.

Die Chips aus dem Backofen holen, mit dem Essig beträufeln und mit Salz würzen. Tofish & Chips heiß mit Zitronenspalten servieren.

✦ **TIPPS & TRICKS**
✳   Damit Tofu eine feste Konsistenz
    erhält, muss er gepresst werden – so
  ○ entzieht man ihm die Feuchtigkeit.
    Auf Seite 14 findet ihr eine Anleitung.

BLAUBEERMUFFIN IN DER TASSE

FÜR 1 PERSON

Wenn euch der Hunger auf Süßes plagt, müsst ihr gar nicht aus dem Haus: Ihr bereitet diesen Hit aus dem Coffeeshop mit Zutaten aus dem Vorratsschrank zu. Warm genießen, mit einem Caffè Americano.

4 EL Mehl
½ TL Backpulver
2 EL Zucker
1 Prise gemahlener Zimt
10 frische Blaubeeren, halbiert
4 EL gesüßte Sojamilch
1 EL Sonnenblumenöl
1 TL Vanilleextrakt von guter Qualität

Mehl, Backpulver, Zucker und Zimt in einer großen, mikrowellengeeigneten Tasse vermengen. Die Blaubeeren unterrühren.

Sojamilch, Öl und Vanilleextrakt zugeben und alles zu einem dickflüssigen Teig verquirlen, sodass alle trockenen Zutaten gut eingearbeitet werden.

Die Tasse in die Mikrowelle stellen und bei 800 Watt 1,5 Minuten erhitzen. Vorsichtig herausholen und vor dem Verzehr 1 Minute ruhen lassen.

✦ TIPPS & TRICKS

Die Blaubeeren werden beim Backen schön weich, wenn ihr sie durchschneidet. Falls ihr weder Zeit noch Lust dazu habt, könnt ihr die Beeren, bevor ihr sie zum Teig gebt, auch einfach leicht zusammendrücken, sodass der Saft austritt.

LIME PIES OHNE BACKEN

Key Lime Pie ist ein amerikanischer Klassiker, doch die etwas süßeren Key Limes sind nicht so leicht erhältlich. Doch auch normale Limetten schmecken wunderbar, besonders wenn man sie mit Ahornsirup und Vanille kombiniert. In der Zutatenliste wird euch sicher eine ungewöhnliche Angabe auffallen – die Spinatblätter. Sie verleihen dem Dessert einen herrlich grünen Schimmer, ohne dass ihr dazu grüne Lebensmittelfarbe verwenden müsst (den Spinat schmeckt man nicht raus, versprochen!).

2 EL vegane Butter
6 Ingwerkekse (vegan), fein zerbröselt oder im Mixer zerkleinert
350 g Seidentofu
Abrieb und frisch gepresster Saft von 2 Bio-Limetten
3 EL Ahornsirup
1 TL Vanilleextrakt von guter Qualität
1 kleine Handvoll Spinatblätter

✳

Die vegane Butter bei niedriger Hitze unter gelegentlichem Rühren in einem Topf zerlassen. Danach die Ingwerkekskrümel zugeben und vermengen, bis sie rundum gut bedeckt sind.

Die Keksmischung auf 4 Auflauf- oder Souffléförmchen verteilen und mit einem Löffel flach drücken.

Seidentofu, die Hälfte des Limettenabriebs, Limettensaft, Ahornsirup, Vanilleextrakt und Spinatblätter im (Stand-) Mixer oder Smoothie Maker zu einer sehr glatten, seidigen Mischung pürieren.

Die Limettenmischung auf die Förmchen verteilen und mit dem restlichen Limettenabrieb bestreuen.

Die Pies mindestens 4 Stunden kalt stellen, bis sie fest geworden sind.

✦ SO GEHT'S SCHNELLER

Die Pies müssen eine Weile in den Kühlschrank – nach 4 Stunden sind sie fest. Aber ihr könnt sie natürlich auch am Vortag zubereiten und bis zum Servieren kalt stellen.

ITALIE

MENÜ FÜR 2 PERSONEN
Polenta-Pommes mit Rosmarinsalz (Seite 61)
Antipasti-Pizzas nach sizilianischer Art (Seite 60)

MENÜ FÜR 4 PERSONEN
Klassische Lasagne (Seite 50)
Teigbällchen zum Teilen (Seite 51)

Pizza, Pasta und fleischlose Hackbällchen – hach!
Italien hat uns zahllose köstliche Leckereien beschert.
Ladet eure Familie und Freunde ein oder
kocht diese italienischen Take-away-Klassiker,
die zu jedem Anlass passen (und ganz simpel in der
Zubereitung sind!), für euch selbst.

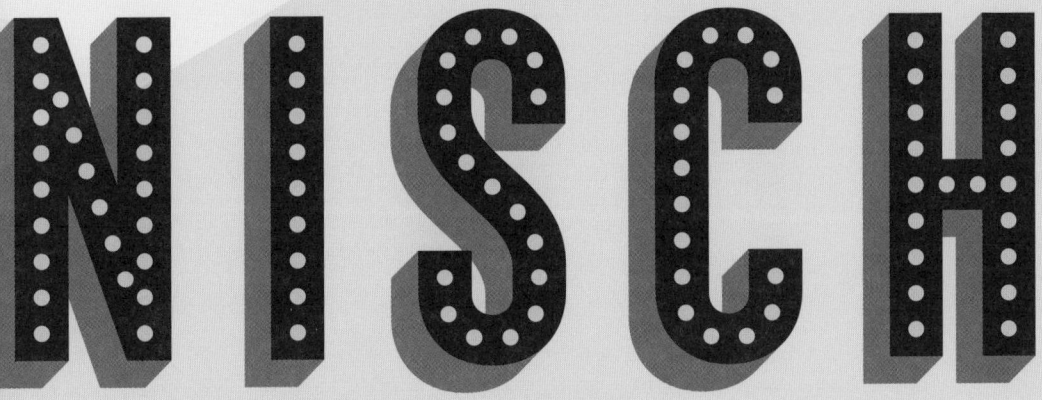

BRUSCHETTA

FÜR 4 PERSONEN ALS BEILAGE ODER VORSPEISE

**Gießt euch einen Aperitif ein und stellt einen Teller mit frischer Bruschetta
auf den Tisch. Der perfekte Auftakt für eine italienische Mahlzeit.**

1 kleines weißes Baguette, schräg in 2 cm
   dicke Scheiben geschnitten
1 guter Schuss natives Olivenöl extra

Für den Tomatenbelag
300 g Kirschtomaten unterschiedlicher
   Farbe, grob geviertelt
natives Olivenöl extra zum Beträufeln
1 kleine Handvoll Basilikumblätter, grob
   zerpflückt
Meersalz und schwarzer Pfeffer aus der
   Mühle

✳

Eine Grillpfanne bei mittlerer bis hoher
Hitze heiß werden lassen. Die Brotscheiben mit Olivenöl beträufeln und vorsichtig
in die Pfanne legen. Von jeder Seite 3–4
Minuten rösten, bis sich Röststreifen
zeigen.

Inzwischen Tomaten, Olivenöl und Basilikum in einer Schüssel vermengen. Mit
Meersalz und schwarzem Pfeffer würzen.

Die Brotscheiben vorsichtig mit der Küchenzange aus der Grillpfanne heben und
auf Servierteller verteilen. Mit der Tomatenmischung belegen.

 SO GEHT'S SCHNELLER
Die Tomatenmischung kann am Vortag zubereitet und im Kühlschrank
in einem luftdichten Behälter aufbewahrt werden. Vor dem Belegen auf
Zimmertemperatur erwärmen – so
schmecken die Tomaten aromatischer.

CREMIGE KNOBLAUCH-CHAMPIGNONS MIT CIABATTA

FÜR 2 PERSONEN ALS BEILAGE ODER VORSPEISE

Luxuriös und köstlich – die kleinen Champignons werden mit Knoblauch, Thymian und veganer Sahne sautiert. Dazu serviert ihr getoastetes und mit Olivenöl beträufeltes Ciabatta, damit ihr die Sauce genussvoll auftunken könnt.

1 EL Sonnenblumenöl
200 g kleine Champignons, geputzt, große Exemplare halbiert
3 Knoblauchzehen, geschält und zerdrückt
1 frischer Thymianzweig
150 ml Sojasahne
2 dicke Scheiben Ciabatta
Meersalz und schwarzer Pfeffer aus der Mühle
1 kleine Handvoll glatte Petersilie, fein gehackt
1 EL natives Olivenöl extra

✳

Das Öl in einer großen Pfanne erhitzen, die Champignons zugeben und bei mittlerer Hitze unter häufigem Rühren 5–6 Minuten braten, bis sie angebräunt sind und duften.

Knoblauch und Thymian zufügen und 1 weitere Minute braten.

Die Sojasahne unterrühren und 3–4 Minuten köcheln lassen. Inzwischen die Ciabattascheiben leicht goldbraun toasten.

Den Thymianzweig aus der Pfanne nehmen und wegwerfen. Die Mischung mit Meersalz und schwarzem Pfeffer würzen und mit der Petersilie bestreuen.

Die Ciabattascheiben mit dem Olivenöl beträufeln und die sahnigen Champignons darauf verteilen.

TIPPS & TRICKS

Wenn ihr die Knoblauchchampignons mit Pasta vermengt, habt ihr eine schnelle Hauptmahlzeit.

KLASSISCHE LASAGNE

REICHLICH FÜR 4 PERSONEN

Beim Nachhausekommen eine fertige Lasagne für die ganze Familie und das nach nur 10 Minuten Arbeit? Klingt zu schön, um wahr zu sein? Lasst doch euren Schongarer die ganze Arbeit machen! Dazu passen ein grüner Salat und eine Scheibe knuspriges Brot.

Lässt sich gut einfrieren

1 EL Sonnenblumenöl
1 Zwiebel, geschält und gewürfelt
2 Stangen Staudensellerie, fein gewürfelt
2 Karotten, geschält und fein gewürfelt
1 Knoblauchzehe, geschält und zerdrückt
1 TL getrockneter Oregano
1 TL italienische Kräutermischung
1 guter Schuss Rotwein (vegan)
400 g stückige Tomaten (aus der Dose)
400 g grüne Linsen (aus der Dose), abgeseiht und gut abgespült
Meersalz und schwarzer Pfeffer aus der Mühle
8 Blatt Lasagne (ohne Ei)
4 EL Sojasahne
100 g mittelreifer veganer Käse, gerieben

✳

Das Öl in einer großen Pfanne erhitzen, Zwiebel, Sellerie und Karotten zugeben und bei mittlerer bis hoher Hitze 2–3 Minuten braten, bis die Zwiebel allmählich weich wird. Knoblauch, Oregano, Kräuter und Wein zugeben und 1 weitere Minute köcheln lassen.

Tomaten und Linsen zufügen und vermengen. Vom Herd nehmen und mit Salz und Pfeffer würzen.

1 Lasagneblatt in den Schongarer legen und mit etwas Linsenmischung bedecken. Den Vorgang wiederholen, bis alle Lasagneblätter aufgebraucht sind. Dabei mit einer Schicht Linsenmischung abschließen. Den Deckel auflegen und den Schongarer auf niedrige Stufe stellen. Die Lasagne 6 Stunden garen.

Den Deckel abnehmen und die Sojasahne über die Lasagne löffeln. Mit dem veganen Käse bestreuen, den Deckel wieder auflegen und weitere 10 Minuten garen, bis der Käse zu schmelzen beginnt. Heiß servieren.

 SO GEHT'S SCHNELLER
Die Lasagne könnt ihr im Voraus zubereiten, abkühlen lassen und in Einzelportionen einfrieren. Vor dem Verzehr in der Mikrowelle oder im Backofen gut aufwärmen.

TEIGBÄLLCHEN ZUM TEILEN

FÜR 4 PERSONEN ALS BEILAGE ODER VORSPEISE

Noch warme Teigbällchen lieben wir doch alle, oder? Hier werden sie mit ordentlich Knoblauchbutter zum Dippen (gaaanz wichtig!) serviert. Die Bällchen werden mit Zutaten aus dem Vorratsschrank im Ganzen gebacken und dann in einzelne Portionen zerteilt.

Lässt sich gut einfrieren

300 g Mehl (Type 812 oder 1050), plus etwas mehr zum Bestäuben
½ TL Trockenhefe
1 gute Prise Meersalz
2 EL Sonnenblumenöl, plus etwas mehr zum Einfetten

Für die Knoblauchbutter
100 g vegane Butter
3 EL natives Olivenöl extra
3 Knoblauchzehen, geschält und zerdrückt
1 kleine Handvoll glatte Petersilie, fein gehackt
1 gute Prise Meersalz

✳

Mehl, Hefe und Salz in eine große Schüssel füllen (Hefe und Salz dabei auf gegenüberliegende Seiten der Schüssel geben). Sonnenblumenöl und 200 ml lauwarmes Wasser zugießen und alles gründlich zu einem Teig verarbeiten.

Eine saubere Arbeitsfläche mit etwas Mehl bestäuben, den Teig darauflegen und 10 Minuten kneten, bis er weich und elastisch ist.

Eine runde Backform leicht mit Öl einfetten. Den Teig in 12 gleich große Stücke teilen und zu Bällchen formen. Nebeneinander in die Backform legen, ohne dass sie sich berühren (beim Gehen legen sie an Volumen zu). Die Backform mit Frischhaltefolie abdecken und den Teig an einem warmen Ort 45 Minuten gehen lassen.

Inzwischen für die Knoblauchbutter vegane Butter, Olivenöl, Knoblauch und Petersilie in einer kleinen Schüssel vermengen und mit Meersalz abschmecken.

Den Backofen auf 200 °C (Ober-/Unterhitze) vorheizen. Die Frischhaltefolie von der Backform nehmen und die Teigbällchen 15–20 Minuten backen, bis sie leicht golden sind. Aus dem Backofen holen und sofort mit etwas Knoblauchbutter bestreichen. Noch warm mit der restlichen Knoblauchbutter als Dip servieren.

 SO GEHT'S SCHNELLER
Die gebackenen Teigbällchen lassen sich auch einfrieren: Vor dem Verzehr komplett auftauen lassen und erneut erhitzen. Die Knoblauchbutter bereitet man am besten frisch zu.

GNOCCHI CAPRESE
AUS DEM BACKOFEN

REICHLICH FÜR 2 PERSONEN

Ihr bestellt so gerne Essen, weil ihr dann weniger abspülen müsst?
Probiert stattdessen mal diese Gnocchi caprese, die in einem
einzigen Topf zubereitet und gebacken werden.
Da muss man kaum mehr abspülen!

Lässt sich gut einfrieren

1 EL Sonnenblumenöl
2 Knoblauchzehen, geschält und zerdrückt
500 g Passata
1 gute Handvoll Basilikumblätter, fein
   gehackt (einige kleine Blätter für die
   Garnierung beiseitelegen)
1 TL Zucker
6 sonnengetrocknete Tomaten in Öl,
   abgeseiht und halbiert
500 g Kartoffelgnocchi (ohne Ei)
6 TL veganer Frischkäse
Meersalz und schwarzer Pfeffer aus der
   Mühle

✳

Den Backofen auf 200 °C (Ober-/Unter-
hitze) vorheizen.

Öl und Knoblauch in einem feuerfesten
Topf mit Deckel bei niedriger bis hoher
Hitze 2 Minuten sautieren, bis der Knob-
lauch weich ist.

Passata, Basilikum und Zucker zufügen und
vermengen.

Vom Herd nehmen und Tomaten und
Gnocchi unterrühren. Den Deckel aufle-
gen und die Gnocchi 30–35 Minuten im
Ofen backen, bis sie weich sind.

Den Topf aus dem Backofen holen und den
Deckel abnehmen. Den Frischkäse teelöf-
felweise zugeben und leicht in die Sauce
drücken. Die restlichen Basilikumblätter
darüberstreuen und mit Meersalz und
schwarzem Pfeffer würzen.

TIPPS & TRICKS

In eurem Vorratsschrank (oder Kühlschrank) sollte immer ein Päckchen
Kartoffelgnocchi sein – so habt ihr
schnell ein unkompliziertes Abendessen. Gnocchi (ohne Ei!) sind in den
meisten Supermärkten vakuumver-
packt erhältlich.

MAGISCHE PIZZABÖDEN

ERGIBT 1 GROßE PIZZA ODER 2 EIN-PERSONEN-PIZZAS

Ihr könnt eine wunderbar dünne und knusprige Pizza schneller zaubern, als sie der Lieferdienst bringen kann – und dazu braucht ihr keine Hefe, müsst den Teig nicht gehen lassen und nicht einmal kneten! Falls euch ein dickerer Pizzaboden lieber ist, probiert einfach meine Antipasti-Pizzas nach sizilianischer Art (S. 60).

2 EL natives Olivenöl extra, plus etwas
  mehr zum Einfetten
200 g Mehl, plus etwas mehr zum
  Bestäuben
½ TL feines Meersalz
½ TL getrockneter Oregano

✳

Den Backofen auf 200 °C (Ober-/Unterhitze) vorheizen und ein rundes Pizzablech leicht einölen (oder für 2 kleinere Pizzas ein rechteckiges Backblech einölen).

Mehl, Meersalz und Oregano in einer großen Schüssel vermengen.

In die Mitte eine kleine Mulde drücken und das Olivenöl mit 100 ml lauwarmem Wasser zugießen. Anfangs mit einem Löffel und dann mit den Händen zu einem glatten, geschmeidigen Teig verkneten, der schön elastisch ist.

Den Teig auf eine leicht bemehlte Arbeitsfläche legen und mit dem Nudelholz 1 großen Pizzaboden oder 2 kleine Böden auf eine Dicke von 2 mm ausrollen.

Den Pizzaboden auf dem Backblech platzieren und mit Lieblingssauce und Toppings belegen. 15–18 Minuten backen, bis die Ränder goldbraun und knusprig sind.

✦ **SO GEHT'S SCHNELLER**

Euren Lieblingspizzabelag mit Pilzen, Paprika, Kirschtomaten und geriebenem veganen Käse könnt ihr am Vortag zubereiten und gekühlt in luftdichten Behältern aufbewahren.

ROTWEINRAGÙ MIT TAGLIATELLE

FÜR 4 PERSONEN

Das kräftige Kräuteraroma der italienischen Küche muss sich nicht auf euer italienisches Lieblingslokal beschränken. Mit ein paar Zutaten aus dem Vorratsschrank könnt ihr auch zu Hause ein köstliches Ragù zubereiten. Getrocknete Pasta enthält normalerweise kein Ei, da sie nur mit Hartweizengrieß zubereitet wird, aber lest euch vor dem Kauf besser die Zutatenliste durch.

Ragù lässt sich gut einfrieren

1 EL Sonnenblumenöl
1 Zwiebel, geschält und gewürfelt
1 Karotte, geschält und gewürfelt
4 Champignons, geputzt und gewürfelt
2 Knoblauchzehen, geschält und zerdrückt
1 TL getrockneter Oregano
1 TL getrocknete Kräutermischung
1 guter Schuss Rotwein (vegan)
400 g stückige Tomaten (aus der Dose)
1 Prise Zucker
400 g grüne Linsen (aus der Dose), gut
   abgeseiht und abgespült
4 sonnengetrocknete Tomaten in Öl,
   abgeseiht und grob gehackt
300 g getrocknete Tagliatelle (ohne Ei)
4 EL natives Olivenöl extra
Meersalz und schwarzer Pfeffer aus der Mühle
1 Handvoll kleine Basilikumblätter zum
   Garnieren

✳

Das Öl in einer großen Pfanne erhitzen, Zwiebel, Karotte und Champignons zufügen und bei mittlerer bis hoher Hitze unter Rühren 3–4 Minuten braten, bis die Karotte weich wird.

Knoblauch, Oregano und Kräutermischung zugeben und 1 Minute vermengen. Den Rotwein zugießen und 2–3 Minuten einkochen lassen.

Stückige Tomaten, Zucker, Linsen und sonnengetrocknete Tomaten zufügen und das Ragù unter gelegentlichem Rühren 15–20 Minuten köcheln lassen, bis die Flüssigkeit verdampft ist.

Inzwischen die Tagliatelle in einem großen Topf mit gesalzenem Wasser 8–10 Minuten al dente kochen. Abseihen und mit Olivenöl beträufeln.

Das Ragù zur Pasta geben und gut vermengen. Mit Meersalz und Pfeffer würzen, auf vorgewärmte Schüsseln verteilen und mit dem Basilikum bestreuen.

✦ SO GEHT'S SCHNELLER
Das Ragù kann 3 Tage im Voraus zubereitet und im Kühlschrank in einem luftdichten Behälter aufbewahrt werden. Ihr könnt es auch einfrieren. Die Tagliatelle schmecken am besten frisch zubereitet.

NO-MEAT-BÄLLCHEN MIT MARINARASAUCE

FÜR 4 PERSONEN

Diese Bällchen wärmen die Seele. Dazu serviert ihr al dente gekochte Spaghetti ohne Ei (100 g/Person). Oder ihr füllt Minibaguettes damit – und schon habt ihr einen tollen heißen Snack.

Marinarasauce lässt sich gut einfrieren

Für die No-Meat-Bällchen

3 EL Sonnenblumenöl
1 mittelgroße (300 g) Aubergine, gleichmäßig gewürfelt
1 rote Zwiebel, geschält und grob gehackt
1 TL getrockneter Oregano
4 dicke Scheiben altbackenes Weißbrot
1 Handvoll glatte Petersilie, fein gehackt
Meersalz und schwarzer Pfeffer aus der Mühle

Für die Marinarasauce

1 EL Sonnenblumenöl
2 Knoblauchzehen, geschält und zerdrückt
400 g stückige Tomaten (aus der Dose)
1 TL Zucker
1 Handvoll glatte Petersilie, fein gehackt

✳

1 EL Öl in einer großen Pfanne erhitzen und Aubergine, Zwiebel und Oregano zufügen. Bei mittlerer Hitze 10–12 Minuten anbräunen. Das Brot im Mixer zu feinen Bröseln verarbeiten und in eine Schüssel füllen.
Aubergine und Zwiebel im Mixer etwas zerkleinern. Die Brösel nach und nach zugeben und jeweils per Pulse-Funktion zu einer festen Masse verarbeiten.

Die Petersilie einstreuen und vermengen. Gut mit Meersalz und Pfeffer abschmecken und dann einige Minuten abkühlen lassen. Die restlichen 2 EL Öl in der Pfanne bei mittlerer bis hoher Temperatur erhitzen. Die Masse zu walnussgroßen Bällchen formen und vorsichtig in das Öl legen. Von jeder Seite 3–4 Minuten goldbraun braten. Aus der Pfanne nehmen, auf Küchenpapier abtropfen lassen und warm halten.

Für die Marinarasauce Öl und Knoblauch in einem Topf bei mittlerer Hitze 2 Minuten braten. Stückige Tomaten und Zucker zufügen und unter häufigem Rühren 8–10 Minuten köcheln lassen. Vom Herd nehmen, die Petersilie unterrühren und abschmecken.
Die No-Meat-Bällchen mit der heißen Marinarasauce auf Spaghetti servieren oder in Minibaguettes füllen.

 SO GEHT'S SCHNELLER

✳ Die Marinarasauce lässt sich im Voraus zubereiten und einfrieren.

○ Die No-Meat-Bällchen schmecken am besten frisch, aber ihr könnt die Mischung am Vortag zubereiten, im Kühlschrank aufbewahren und dann braten.

ANTIPASTI-PIZZAS NACH SIZILIANISCHER ART

FÜR 2 PERSONEN

Ihr braucht schnell eine Pizza? Hier kommt eure Rettung – diese Pizzastücke sind innerhalb von 15 Minuten fix und fertig. Mit ihrem dicken Boden sind diese rechteckigen, mit ordentlich Antipastitomaten, Oliven und Paprika belegten Stücke echt sizilianisch. Ihr braucht nicht unbedingt veganen Käse dazu, da die eingelegten Zutaten sehr aromatisch sind, aber wer Lust darauf hat, kann ihn natürlich verwenden. Serviert dazu einen Salat oder knusprige Polenta-Pommes (gegenüberliegende Seite).

4 rechteckige Stücke Focaccia (ohne Milch und Ei)
8 TL Tomatenmark
1 Prise getrockneter Oregano
6 sonnengetrocknete Tomaten in Öl, abgeseiht und klein geschnitten
12 entkernte grüne Oliven, halbiert
4 Stück in Öl eingelegte, rote Paprikaschoten aus dem Glas, abgeseiht
¼ rote Zwiebel, geschält, halbiert und in Scheiben geschnitten
natives Olivenöl extra zum Beträufeln
Meersalz und schwarzer Pfeffer aus der Mühle
einige kleine Basilikumblätter zum Garnieren

✳

Den Backofen auf 180 °C (Ober-/Unterhitze) vorheizen.

Die Focacciastücke auf einem Backblech verteilen, jedes Stück mit 2 TL Tomatenmark bestreichen und mit Oregano bestreuen.

Sonnengetrocknete Tomaten, Oliven, Paprikaschoten und rote Zwiebel auf den Broten verteilen und mit Olivenöl beträufeln.

8–10 Minuten backen, bis der Belag heiß ist. Dann mit Meersalz, Pfeffer und Basilikumblättern bestreuen. Heiß oder kalt servieren.

SO GEHT'S SCHNELLER
Fertige Focaccia ist im Supermarkt erhältlich und eignet sich wunderbar als Brotbasis für hausgemachte Pizzas. Vor dem Kauf besser überprüfen, ob das Brot Milch- oder Eiprodukte enthält.

POLENTA-POMMES MIT ROSMARINSALZ

REICHLICH FÜR 2 PERSONEN ALS BEILAGE

Polenta-Pommes sind in vielen italienischen Restaurants eine beliebte Beilage, lassen sich aber auch zu Hause ganz easy zubereiten. Wer einen eleganten Abend »a casa« plant, serviert dazu die Antipasti-Pizzas nach sizilianischer Art (gegenüberliegende Seite).

500 g feste Fertigpolenta (online erhältlich)
2 EL natives Olivenöl extra
2 Rosmarinzweige, Nadeln abgelöst und sehr fein gehackt
1 gute Prise Meersalz

✳

Den Backofen auf 200 °C (Ober-/Unterhitze) vorheizen.

Die feste Polenta in 1,5 cm dicke, gleichmäßige Pommes schneiden und auf einem Backblech verteilen.

Mit Olivenöl beträufeln und alle Pommes gut damit einreiben. Mit Rosmarin und Meersalz bestreuen und 25–30 Minuten backen, bis die Ränder goldbraun werden. Heiß servieren.

✦ TIPPS & TRICKS

Feste Fertigpolenta ist online oder in italienischen Feinkostgeschäften erhältlich. Oder ihr macht sie einfach selbst: Dazu 1,5 l Wasser in einem großen Topf zum Kochen bringen, 400 g Instantpolenta und 1 gute Prise Salz einrieseln lassen. Bei mittlerer Hitze unter ständigem Rühren 10 Minuten garen. Sobald sie einzudicken beginnt, die Temperatur leicht reduzieren. Die Mischung auf zwei Backblechen verteilen. Vor dem Aufschneiden mindestens 2 Stunden abkühlen lassen.

FETTUCCINE ALFREDO

FÜR 2 PERSONEN

Diese cremigen Fettuccine Alfredo sind ein wahrer Genuss und obendrein schnell zubereitet. Pasta aus dem Supermarkt enthält selten Ei, aber ihr solltet besser sicher gehen. Statt Fettuccine könnt ihr Tagliatelle nehmen.

160 g getrocknete Fettuccine (ohne Ei)
2 TL Sonnenblumenöl
2 Knoblauchzehen, zerdrückt
150 ml Sojasahne
Meersalz und schwarzer Pfeffer aus der
   Mühle
1 Prise frisch geriebene Muskatnuss
1 kleine Handvoll glatte Petersilie, fein
   gehackt

✳

Wasser mit Salz in einem großen Topf zum Kochen bringen und die Fettuccine zufügen. 8–10 Minuten al dente kochen.

Öl und Knoblauch in einem weiteren Topf 2 Minuten erhitzen, bis das Öl aromatisiert und der Knoblauch weich ist.

Die Sojasahne zugießen und unter gelegentlichem Rühren 5 Minuten köcheln lassen. Großzügig mit Salz und Pfeffer würzen und die Muskatnuss unterrühren.

Die Fettuccine gründlich abseihen und anschließend mit der sahnigen Sauce vermengen. Auf vorgewärmte Schüsseln verteilen, mit der Petersilie, etwas Muskatnuss und Pfeffer bestreuen und servieren.

 SO GEHT'S SCHNELLER
Die Alfredosauce könnt ihr 2 Tage im Voraus zubereiten und in einem luftdichten Behälter im Kühlschrank aufbewahren. Die Pasta schmeckt am besten frisch gekocht.

CREMIGES ZITRONENRISOTTO MIT LAUCH UND ERBSEN

REICHLICH FÜR 2 PERSONEN

Gehört ihr vielleicht zu den Leuten, die Risotto lieber im Restaurant bestellen, weil ihnen die Zubereitung zu kompliziert erscheint? Dieses einfache Rezept wird euch davon überzeugen, wie leicht ihr ein edles Risotto mit nur wenigen Zutaten hinbekommt. Dazu solltet ihr unbedingt Arborioreis verwenden, da er sehr stärkereich ist und das Risotto dadurch erst schön cremig wird.

1 EL Sonnenblumenöl
1 mittelgroße Stange Lauch, geputzt und fein gehackt
1 Knoblauchzehe, geschält und zerdrückt
200 g Arborioreis
1 guter Schuss Weißwein (vegan)
800 ml heiße Gemüsebrühe
2 EL veganer Frischkäse
1 gute Handvoll TK-Erbsen
Abrieb und frisch gepresster Saft von 1 Bio-Zitrone
Meersalz und schwarzer Pfeffer aus der Mühle

＊

Das Öl in einem großen Topf bei mittlerer bis hoher Hitze heiß werden lassen. Den Lauch darin 4–5 Minuten braten, Knoblauch zufügen und 1 weitere Minute sautieren.

Den Reis zugeben und 1–2 Minuten umrühren, bis er an den Rändern durchscheinend wird. Dann Weißwein zugießen und unter häufigem Rühren 2–3 Minuten reduzieren.

200 ml Gemüsebrühe zugießen und unter ständigem Rühren 5–6 Minuten kochen, bis der Großteil der Brühe aufgesogen ist. Den Herd auf mittlere Temperatur stellen, erneut 200 ml zugießen und weitere 5–6 Minuten unter ständigem Rühren garen. Den Vorgang wiederholen, bis die gesamte Brühe aufgebraucht ist.

Veganen Frischkäse und TK-Erbsen zugeben und vermengen. Weitere 5 Minuten garen und dabei ständig umrühren, damit das Risotto nicht am Topfboden anhaftet.

Vom Herd nehmen und den Zitronensaft unterrühren. Mit Salz und Pfeffer abschmecken, in vorgewärmte Schüsseln füllen und mit ein wenig Zitronenabrieb garnieren.

✦ **SO GEHT'S SCHNELLER**

Falls ihr keinen frischen Lauch bekommt, könnt ihr auch gehackten TK-Lauch verwenden.

FALSCHE CANNOLI MIT ZITRONE UND PISTAZIEN

ERGIBT 8 STÜCK/FÜR 4 PERSONEN

Süße Cannoli sind eine klassische italienische Köstlichkeit, gefüllt mit sahniger Creme und Pistazien. Es ist nicht so leicht, die Röllchen zu formen – deshalb habe ich mir diese Schummelversion ausgedacht, bei der ich gebackene Minitortillas mit Zimt und Zucker verwende. Nehmt für die Füllung einen milden oder neutralen veganen Frischkäse, dessen Geschmack und Konsistenz an Mascarpone erinnert.

8 weiche Mini-Tortillawraps
2 TL Sonnenblumenöl
1 TL Zucker
½ TL gemahlener Zimt
400 g milder/neutraler veganer Frischkäse
2 TL Vanilleextrakt von guter Qualität
Abrieb und frisch gepresster Saft von
  2 Bio-Zitronen
6 EL Puderzucker
4 EL geschälte Pistazien, fein gehackt

✳

Den Backofen auf 200 °C (Ober-/Unterhitze) vorheizen.

8 Streifen Alufolie (10 cm breit) abreißen und zu Zylindern rollen. Jeweils mit 1 Mini-Tortilla umwickeln. Durch den Aluzylinder fallen die Röllchen beim Backen nicht zusammen. Diese dazu mit der Naht nach unten auf ein Backblech legen.

Mit Sonnenblumenöl bestreichen. Zucker und Zimt vermengen und die Röllchen damit bestreuen. 7–10 Minuten backen und dann das Blech vorsichtig aus dem Backofen holen. Die Röllchen mit der Küchenzange wenden, das Backblech wieder in den Ofen schieben und weitere 3–5 Minuten backen, bis sie leicht angebräunt sind.

Inzwischen veganen Frischkäse, Vanilleextrakt, Zitronenabrieb und -saft vermengen. Den Puderzucker hineinsieben und alles gründlich unterrühren.

Die Cannoli vorsichtig aus dem Backofen holen und abkühlen lassen. Erst danach die Aluzylinder entfernen.

Mit einem Teelöffel oder einem Spritzbeutel mit der Zitronencreme füllen und die Creme an beiden Enden in die Cannoli drücken. Die gehackten Pistazien jeweils auf die Enden der Cannoli streuen und die gefüllten Röllchen sofort servieren.

✦ **SO GEHT'S SCHNELLER**

Die Tortillaröllchen können 2 Tage im Voraus gebacken und in einem luftdichten Behälter aufbewahrt werden. Die Cannoli dann direkt vor dem Servieren mit der Zitronencreme füllen.

KAFFEE-PANNACOTTA MIT KOKOSMILCH

FÜR 2 PERSONEN

Cremige Pannacotta kann man selbst nach einem kohlenhydratreichen italienischen Gelage noch essen. Mit löslichem Kaffee von guter Qualität erhaltet ihr das beste Aroma.

400 ml Kokosmilch (aus der Dose)
2 TL lösliches Kaffeepulver von guter Qualität
2 EL feinster Backzucker
2 TL Agar Agar-Flocken

Die Kokosmilch in einem Topf bei mittlerer Hitze zum Kochen bringen.

Kaffeepulver und Zucker darin auflösen. Dann die Agar Agar Flocken einrühren. 4–5 Minuten köcheln lassen, bis sich die Agar Agar-Flocken komplett aufgelöst haben.

Die Mischung in kleine Pannacotta-Förmchen füllen und mindestens 6 Stunden kalt stellen, bis sie fest ist.

Die Pannacotta aus dem Kühlschrank nehmen und maximal 1 Minute in eine Schüssel mit heißem Wasser stellen, damit sie sich besser aus der Form löst. Auf Servierteller stürzen und leicht rütteln, bis die Masse herausgleitet. Sofort servieren.

✦ TIPPS & TRICKS

* Das aus Algen hergestellte Agar Agar ist eine vegane Gelatinealternative.
° Durch Agar Agar wird die Pannacotta fest und wackelt wunderbar! Die Flocken sind in Supermärkten in der Backabteilung oder bei den internationalen Spezialitäten zu finden.

INDI

MENÜ FÜR 4 PERSONEN

Mit einem indischen Festmahl liegt man immer gut. Sahnige Currys, scharfe Gewürze und dekadente Desserts – diese Köstlichkeiten lassen sich zu Hause nicht nur schnell verspeisen, sondern auch zubereiten, und zwar zu 100 % vegan!

SUPER EINFACHE PAKISTANISCHE NAANBROTE

ERGIBT 4 STÜCK

Um Currysauce aufzutunken, gibt es nichts Besseres als ein warmes Naanbrot. Aber erst mit Kokos und Sultaninen werden daraus diese super einfachen pakistanischen Naanbrote. Sie enthalten keine Hefe, der Teig muss nicht gehen und sie sind im Nu zubereitet. Ich serviere dazu gerne Kokosjoghurt als Dip.

Lässt sich gut einfrieren

200 g Mehl, plus etwas mehr zum
   Bestäuben
2 TL Backpulver
½ TL Zucker
4 EL Kokosjoghurt
2 EL Sonnenblumenöl
2 EL Kokosraspel
1 EL Sultaninen
2 TL vegane Butter zum Bestreichen

✳

Mehl, Backpulver und Zucker in einer großen Schüssel vermengen. Kokosjoghurt, Öl, Kokosraspel und Sultaninen zufügen und alles zu einem Teig verarbeiten.

Auf einer leicht bemehlten Arbeitsfläche 2 Minuten kneten. Dann in 4 gleich große Kugeln teilen und mit der Handfläche jeweils zu Kreisen flach drücken, die am Rand etwas dicker als in der Mitte sind.

Eine Pfanne bei hoher Hitze ohne Öl heiß werden lassen. 2 Teigkreise vorsichtig hineinlegen. 4–5 Minuten von jeder Seite backen und mit der Küchenzange wenden, bis sich braune Flecken zeigen.

Die Naanbrote aus der Pfanne nehmen und mit dem Teigpinsel vegane Butter auf beide Seiten auftragen. Mit den anderen Teigkreisen ebenso verfahren. Warm servieren.

 TIPPS & TRICKS

✳ Nehmt für die Naanbrote am besten
° ungesüßten Kokosjoghurt, der die Brote aromatischer macht. Ihr könnt die noch nicht mit Butter bestrichenen Brote einfrieren. Nach dem Auftauen in einer Pfanne ohne Öl erhitzen und anschließend mit Butter bestreichen.

ZWIEBEL-BHAJIS MIT BONBONSTREIFEN

FÜR 4 PERSONEN ALS BEILAGE ODER VORSPEISE

Wer hätte gedacht, dass hausgemachte Bhajis so einfach zuzubereiten sind? Ihr seid der Ansicht, dass man diesen indischen Klassiker kaum mehr verbessern kann? Doch, das geht: Durch die Kombination von roten und weißen Zwiebeln entsteht unter der goldbraunen Kruste ein Bonbonstreifeneffekt. Wenn ihr einen Löffel Kokosjoghurt mit Mangochutney verfeinert, habt ihr den perfekten Dip.

500 ml Sonnenblumenöl zum Braten
5 EL Mehl
1 TL gemahlener Kreuzkümmel
1 TL Garam Masala
½ TL Chilipulver
1 TL Meersalz, zerdrückt
1 rote Zwiebel, geschält und in dünne Halbringe geschnitten
1 weiße Zwiebel, geschält und in dünne Halbringe geschnitten
1 kleine Handvoll Koriandergrün, fein gehackt

✳

Das Öl in einem großen Topf mit schwerem Boden bei mittlerer bis hoher Hitze heiß werden lassen.

Mehl, Kreuzkümmel, Garam Masala, Chilipulver und Salz in einer großen Schüssel vermengen.

Rote und weiße Zwiebelhalbringe zugeben und mit der Trockenmischung überziehen, bis sie gut bedeckt sind. 3 EL kaltes Wasser zufügen und alles zu einer dicken Mischung vermengen.

Einen Klecks Teig in das Fett tropfen. Wenn er zischt, nach oben steigt und goldbraun wird, ist das Öl heiß genug. Die Zwiebelmischung in Portionen esslöffelweise ins heiße Öl geben und 4–5 Minuten goldbraun ausbacken. Die Bhajis mit dem Schaumlöffel herausnehmen und auf Küchenpapier abtropfen lassen. Mit Koriandergrün bestreuen und servieren.

TIPPS & TRICKS

Nur jeweils 3–4 Bhajis gemeinsam ausbacken, damit sie im Topf nicht aneinanderhaften.

SAAG ALOO

FÜR 4 PERSONEN ALS BEILAGE

Diese Beilage aus Kartoffeln und Spinat steht in indischen Restaurants stets auf der Speisekarte, kann aber problemlos daheim zubereitet werden. Neue Kartoffeln sind festkochend und schnell zubereitet; sie nehmen Gewürzaromen gut auf.

10 neue Kartoffeln, gut abgespült
1 EL Sonnenblumenöl
1 Zwiebel, geschält und fein gewürfelt
1 Knoblauchzehe, geschält und zerdrückt
1 Stück frischer Ingwer (1 cm), geschält und gerieben
1 TL Garam Masala
1 TL Kreuzkümmelsamen
1 TL Senfsamen
½ TL gemahlene Kurkuma
½ TL mildes Chilipulver
4 gute Handvoll Spinatblätter
1 gute Prise Meersalz

✳

Wasser bei mittlerer bis hoher Hitze in einem großen Topf zum Kochen bringen. Dann vorsichtig die neuen Kartoffeln zufügen. 20–25 Minuten kochen, bis sie weich sind, und dann abseihen. Die Kartoffeln halbieren und beiseitestellen.

Öl in den Topf geben, Zwiebel, Knoblauch und Ingwer zufügen und bei mittlerer Hitze 3–4 Minuten anbraten, bis sie weich sind.

Die Gewürze zugeben. Weitere 3–4 Minuten braten und dabei häufig umrühren, damit nichts anbrennt.

Kartoffelhälften, 150 ml heißes Wasser und Spinatblätter zufügen. Unter häufigem Rühren 5 Minuten kochen, bis die Kartoffeln rundum gut bedeckt sind und der Spinat zusammengefallen ist.

Vom Herd nehmen und mit 1 guten Prise Meersalz abschmecken.

 SO GEHT'S SCHNELLER
Die Kartoffeln kann man bis zu 2 Tage im Voraus kochen, dann abkühlen lassen und bis zum Verzehr im Kühlschrank aufbewahren.

PERFEKTER PILAW

FÜR 4 PERSONEN ALS BEILAGE

Ein indisches Festmahl ist ohne lockeren, duftenden Pilaw-Reis nicht komplett. Die Zubereitung ist einfacher als vermutet!

300 g Basmatireis
500 ml heiße Gemüsebrühe
½ TL gemahlene Kurkuma
1 Zimtstange
2 Lorbeerblätter

✳

Alle Zutaten in einem großen Topf bei mittlerer Hitze zum Köcheln bringen. 15 Minuten unter gelegentlichem Rühren garen – so brennt nichts an.

Wenn die Brühe ganz aufgesogen ist, den Topf vom Herd nehmen und einen Deckel auflegen. 5 Minuten stehen lassen.

Zimtstange und Lorbeerblätter herausnehmen und wegwerfen. Den Reis mit der Gabel auflockern und heiß servieren.

 TIPPS & TRICKS

✳ Damit der Reis ergiebiger ist und fruchtiger schmeckt, könnt ihr vor
∘ dem Servieren ein wenig Kokosraspeln und Sultaninen unterrühren.

SAMOSADILLA

FÜR 2 PERSONEN ALS BEILAGE ODER VORSPEISE

**Darf ich vorstellen – Samosa Quesadilla, der König der Fusionsküche.
Dazu steckt ihr indisch gewürztes Gemüse zwischen zwei weiche
Tortillas und bratet sie nach mexikanischer Art in der Grillpfanne.
Danach mit Mangochutney als Dip heiß servieren.**

1 EL Sonnenblumenöl, plus 1 TL zum
   Beträufeln
1 Karotte, geschält und gerieben
6 grüne Bohnen, grob gehackt
2 Frühlingszwiebeln, fein gehackt
1 Handvoll TK-Erbsen
1 Handvoll TK-Mais oder Mais aus der
   Dose
1 TL Garam Masala
frisch gepresster Saft von ½ Bio-Limette
1 gute Prise Meersalz
2 große weiche Tortillawraps

✳

Das Öl in einer großen Pfanne bei hoher
Hitze heiß werden lassen. Karotte, Bohnen
und Frühlingszwiebeln zufügen und unter
häufigem Rühren 3–4 Minuten braten.
Erbsen, Mais und Garam Masala zugeben
und 1 weitere Minute braten.

Limettensaft und Salz einrühren und das
Gemüse 1–2 Minuten braten.

Inzwischen eine Grillpfanne mit dem restlichen TL Öl einreiben und bei hoher Hitze
heiß werden lassen.

Die Füllung jeweils auf einer Hälfte einer
Tortilla verteilen, die andere Tortillahälf-
te darüberklappen und vorsichtig in die
Grillpfanne legen. 3–4 Minuten braten,
bis Grillstreifen zu sehen sind. Dann die
Tortillas wenden und von der anderen
Seite 2–3 Minuten braten.

Vorsichtig aus der Pfanne nehmen und die
Tortillas vor dem Servieren halbieren.

✦ TIPPS & TRICKS

Samosadillas schmecken heiß wunderbar, ergeben aber auch ein tolles
kaltes Mittagessen, falls ihr noch
Reste vom Vortag habt.

DHAL MIT KARAMELLISIERTEN ZWIEBELN

FÜR 4 PERSONEN

Zu einem indischen Festmahl gehört immer auch ein wärmendes Linsen-Dhal. Hier sorgen karamellisierte Zwiebeln für einen Hauch Süße. Serviert das Gericht als Beilage oder mit Basmatireis als Hauptgericht.

2 EL Sonnenblumenöl
2 Zwiebeln, geschält und in dünne
   Halbringe geschnitten
2 Knoblauchzehen, geschält und zerdrückt
1 TL gemahlene Kurkuma
1 TL gemahlener Kreuzkümmel
½ TL Chiliflocken
1 EL mittelscharfe Currypaste (ohne
   Milchprodukte)
300 g getrocknete rote Linsen
1 l heiße Gemüsebrühe
1 Handvoll glatte Petersilie, fein gehackt
1 gute Prise Meersalz

✳

Das Öl bei mittlerer bis hoher Hitze in einem großen Topf heiß werden lassen. Die Zwiebeln zufügen und 8–10 Minuten braten, bis sie goldbraun sind. Gelegentlich umrühren, damit sie nicht anhaften. Die Hälfte der gebratenen Zwiebeln aus dem Topf nehmen und beiseitestellen.

Knoblauch, Kurkuma, Kreuzkümmel und Chiliflocken zu den restlichen Zwiebeln in den Topf geben und 1 Minute anbraten. Dann die Currypaste zufügen und alles gut vermengen.

Die Linsen und die Hälfte der Brühe zugeben und bei mittlerer Hitze 10 Minuten garen. Danach die restliche Brühe zugießen und unter häufigem Rühren köcheln lassen, bis die Flüssigkeit aufgesogen ist.

Vom Herd nehmen und die beiseitegestellten Zwiebeln und die Petersilie unterrühren. Mit Meersalz abschmecken und heiß servieren.

 TIPPS & TRICKS

Falls etwas Dhal übrig bleibt, könnt ihr am nächsten Tag einfach etwas Brühe zugießen und zu einer Suppe pürieren. Es schmeckt auch toll, wenn ihr das Dhal am Vortag zubereitet.

BIRYANI AUS DER BRATREINE

FÜR 4 PERSONEN

Dieses Familienessen vereint milde Gewürze, Cashewnüsse, Kokosmilch und lockeren Reis in weniger als 1 Stunde zu einem Gericht aus der Bratreine. Ich liebe diese spezielle Gemüsemischung, aber ihr könnt natürlich alle Gemüsesorten verwenden, die ihr gerade daheim habt.

400 g Basmatireis
2 Karotten, geschält und in Scheiben geschnitten
½ Blumenkohlkopf, in Röschen zerteilt
10 grüne Bohnen, geputzt und halbiert
2 EL TK-Mais oder Mais aus der Dose
1 gute Handvoll Cashewnüsse
400 ml Kokosmilch (aus der Dose)
1 EL mittelscharfe Currypaste (ohne Milchprodukte)
1 TL gemahlene Kurkuma
½ TL gemahlener Kreuzkümmel
½ TL Chiliflocken
2 Frühlingszwiebeln, in feine Ringe geschnitten
1 gute Handvoll Koriandergrün, grob zerpflückt
1 gute Prise Meersalz
frisch gepresster Saft von ½ Bio-Zitrone, plus Bio-Zitronenspalten zum Servieren

✳

Den Backofen auf 200 °C (Ober-/Unterhitze) vorheizen.

Reis, Karotten, Blumenkohlröschen, grüne Bohnen, Mais und Cashewnüsse in einer tiefen Bratreine vermengen.

Die Kokosmilch mit 200 ml kaltem Wasser in einem Krug verquirlen. Currypaste, Kurkuma, Kreuzkümmel und Chiliflocken zufügen und gründlich vermengen.

Die gewürzte Kokosmilch über den Reis gießen und alles verrühren, bis der Reis rundum gut bedeckt ist.

Die Bratreine locker mit Alufolie abdecken und 45–50 Minuten backen, bis die Kokosmilch aufgesogen und das Gemüse weich ist.

Vorsichtig herausnehmen und die Alufolie abnehmen. Den Reis mit Frühlingszwiebeln und Koriandergrün bestreuen und mit Meersalz und Zitronensaft abschmecken. Zitronenspalten dazu reichen und heiß servieren.

 SO GEHT'S SCHNELLER
Karotten, Blumenkohl und Bohnen könnt ihr bis zu 1 Tag im Voraus vorbereiten und im Kühlschrank aufbewahren.

BUTTRIGE KICHERERBSEN

REICHLICH FÜR 2 PERSONEN

Dieses milde Kichererbsencurry mit reichlich Sauce schmeckt schön cremig und macht süchtig – ideal zum Dippen. Die Sauce könnt ihr zum Freitagabendessen mit hausgemachten Naanbroten (siehe S. 74) auftunken. Gemütlicher geht's kaum!

Lässt sich gut einfrieren

1 EL Sonnenblumenöl
1 Zwiebel, geschält und fein gewürfelt
1 Knoblauchzehe, geschält und zerdrückt
1 TL Ingwerpaste
1 TL gemahlener Kreuzkümmel
½ TL Chiliflocken
1 EL milde Currypaste (ohne Milchprodukte)
2 gehäufte EL Tomatenmark
400 ml Kokosmilch (aus der Dose)
800 g Kichererbsen (aus der Dose), gut abgeseiht und abgespült
3 EL Kokosjoghurt
Meersalz und schwarzer Pfeffer aus der Mühle

✳

Das Sonnenblumenöl in einem großen Topf erhitzen, die Zwiebel zufügen und bei hoher Hitze 2 Minuten braten, bis sie allmählich weich wird.

Knoblauch, Ingwerpaste, Kreuzkümmel, Chiliflocken, Currypaste und Tomatenmark zugeben und 1 Minute sautieren.

Kokosmilch und Kichererbsen zufügen und unter gelegentlichem Rühren 10–12 Minuten garen, bis die Sauce cremig ist.

Vom Herd nehmen und den Kokosjoghurt einrühren. Mit Meersalz und schwarzem Pfeffer abschmecken und sofort servieren.

 SO GEHT'S SCHNELLER
Dieses Curry lässt sich gut einfrieren, also kocht gleich eine größere Portion. Den kühlen Kokosjoghurt gebt ihr allerdings erst kurz vor dem Servieren dazu, da er sich beim Tiefkühlen leicht absetzt.

JALFREZI MIT GEBACKENER AUBERGINE

FÜR 2 PERSONEN

Diesen indischen Klassiker mit Grundzutaten aus dem Vorratsschrank schafft ihr problemlos in 30 Minuten. Aubergine und Kirschtomaten werden durchs Backen verführerisch süß – ein köstlicher Kontrast zur würzigen Currysauce. Gebt ganz nach Geschmack mehr oder weniger grüne Chili ins Curry!

Lässt sich gut einfrieren

1 große Aubergine, längs geachtelt
10 Kirschtomaten
2 EL Sonnenblumenöl
1 Zwiebel, geschält und fein gewürfelt
2 Knoblauchzehen, geschält und zerdrückt
1 TL Ingwerpaste
2 grüne Chilis, in dünne Ringe geschnitten
1 EL Garam Masala
1 TL gemahlene Kurkuma
1 TL gemahlener Kreuzkümmel
400 g stückige Tomaten (aus der Dose)
1 TL Zucker
1 gute Prise Meersalz
1 kleine Handvoll Koriandergrün, grob
   zerpflückt

✳

Den Backofen auf 200 °C (Ober-/Unterhitze) vorheizen.

Auberginenachtel und Kirschtomaten auf einem Backblech verteilen und mit 1 EL Sonnenblumenöl beträufeln. 30 Minuten backen, bis die Aubergine weich ist und die Tomaten leicht angebräunt sind.

In der Zwischenzeit für die Jalfrezi-Basissauce die Zwiebel mit dem restlichen EL Öl in einem großen Topf bei mittlerer Hitze 2–3 Minuten braten, bis sie allmählich weich wird. Dann Knoblauch, Ingwerpaste und die Hälfte der Chiliringe zufügen und weitere 1–2 Minuten braten.

Garam Masala, Kurkuma und Kreuzkümmel zugeben und eine 1 Minute einrühren. Stückige Tomaten und Zucker zufügen und unter gelegentlichem Rühren 20 Minuten köcheln lassen.

Gebackene Aubergine und Kirschtomaten aus dem Backofen holen und mit der Küchenzange auf die Jalfrezi-Sauce legen. Mit Meersalz würzen und kurz vor dem Servieren mit den restlichen Chiliringen und dem Koriandergrün bestreuen.

✦ SO GEHT'S SCHNELLER
Dieses Curry lässt sich gut einfrieren. Zum Essen müsst ihr es nur auftauen und gut durcherhitzen.

CREMIGES KORMA MIT LIMABOHNEN

FÜR 4 PERSONEN

Das mild gewürzte, cremige Korma zählt zu den beliebtesten Currys, auch weil man nicht sofort ein Glas Wasser zum Feuerlöschen braucht. Dieses Rezept beweist, dass ein Korma nicht langweilig schmecken muss: Geröstete Mandeln, sahnige Kokosmilch, saftige Sultaninen und etwas kühler Joghurt sorgen für reichlich Abwechslung. Dazu gibt's lockeren Basmatireis (S. 80) oder hausgemachte Naanbrote (S. 74).

Lässt sich gut einfrieren

2 EL Mandelblättchen oder -splitter
1 EL Sonnenblumenöl
1 Zwiebel, geschält und gewürfelt
1 Knoblauchzehe, geschält und zerdrückt
1 TL Ingwerpaste
1 TL gemahlene Kurkuma
1 EL milde Currypaste (ohne Milchprodukte)
400 ml Kokosmilch (aus der Dose)
400 g Limabohnen (aus der Dose), abgeseiht und gut abgespült
1 EL Mangochutney
1 EL Sultaninen
1 gute Handvoll Spinatblätter
2 EL ungesüßter Kokosjoghurt
1 kleine Handvoll Koriandergrün, grob gehackt
1 gute Prise Meersalz

✳

Die Mandelblättchen bei hoher Hitze 2–3 Minuten in einer Pfanne ohne Öl goldgelb rösten. Dabei mehrmals schwenken, damit sie nicht anbrennen. In eine Schüssel füllen und beiseitestellen.

Öl und Zwiebel in einem großen Topf bei mittlerer bis hoher Hitze 2–3 Minuten braten, bis die Zwiebel allmählich weich wird. Knoblauch, Ingwerpaste, Kurkuma und Currypaste zufügen und 1 Minute vermengen.

Kokosmilch und Limabohnen zugeben und unter gelegentlichem Rühren 10 Minuten köcheln lassen. Mangochutney, Sultaninen und Spinat zufügen und weitere 5 Minuten garen.

Den Topf vom Herd nehmen und den Kokosjoghurt einrühren. Koriandergrün und Mandelblättchen darüberstreuen. Mit Meersalz abschmecken und heiß servieren.

 SO GEHT'S SCHNELLER
Dieses Curry lässt sich wunderbar in Einzelportionen einfrieren: Fast Food ohne großen Aufwand. Koriandergrün und Kokosjoghurt erst zugeben, wenn die aufgetaute Portion komplett erhitzt wurde.

TIKKA-BLUMENKOHLSPIESSE

FÜR 4 PERSONEN

Fein gewürzt, frisch aus dem Backofen und völlig easy –
kann ein indischer Klassiker denn noch verführerischer
sein? Ja! Und zwar mit Koriandergrün, rotem Chili und
einem Spritzer Zitronensaft. Diese Köstlichkeit serviert
ihr mit lockerem Basmatireis (S. 80).

250 g ungesüßter Sojajoghurt
1 EL mittelscharfe Currypaste (ohne
  Milchprodukte)
½ TL gemahlene Kurkuma
½ TL Chilipulver
1 Blumenkohl, in ca. 32 mundgerechte
  Röschen zerteilt
frisch gepresster Saft von ¼ Bio-Zitrone
1 rote Chilischote, entkernt und fein
  geschnitten
1 kleine Handvoll Koriandergrün, zerpflückt
1 Prise Meersalz

✳

Den Backofen auf 200 °C (Ober-/Un-
terhitze) vorheizen und 8 Holzspieße in
kaltem Wasser einweichen.

Sojajoghurt, Currypaste, Kurkuma und
Chilipulver in einer großen Schüssel
gründlich verquirlen. Die Blumenkohlröschen portionsweise in die Joghurtmi-
schung tauchen, sodass sie rundum gut
bedeckt sind.

Jeweils ca. 4 Blumenkohlröschen auf
1 Holzspieß stecken und die Spieße auf
Backbleche verteilen. 25–30 Minuten
backen, bis die Röschen weich sind und
allmählich gut anbräunen.

Vorsichtig aus dem Backofen holen und
mit Zitronensaft beträufeln. Mit Chili,
Koriandergrün und 1 Prise Salz bestreuen.

 SO GEHT'S SCHNELLER
Die Blumenkohlröschen können am
Vortag in den Tikkajoghurt getaucht
werden. Bis zur Verwendung in einem
luftdichten Behälter im Kühlschrank
aufbewahren.

VINDALOO

FÜR 4 PERSONEN

Für alle, die es scharf mögen! Die Zutaten für dieses feurige Vindaloo einfach in den Schongarer füllen, der es für euch kocht, während ihr andere Dinge erledigt. Am Abend wartet dann ein heißes Curry mit Rumms auf euch: Maximaler Spaß bei minimaler Anstrengung. Serviert dazu ein Mango-Limetten-Lassi (S. 96).

1 EL Sonnenblumenöl
2 TL scharfes Currypulver
1 TL gemahlener Kreuzkümmel
1 TL gemahlene Kurkuma
½ TL Chiliflocken
2 Knoblauchzehen, geschält und zerdrückt
1 Zwiebel, geschält und gewürfelt
1 Zucchini, gleichmäßig gewürfelt
1 gute Handvoll grüne Bohnen, geputzt
1 grüne Paprikaschote, entkernt und in dünne Streifen geschnitten
8 kleine Brokkoliröschen
1 Handvoll TK-Erbsen
1–2 grüne Chilis, mit Kernen, in dünne Ringe geschnitten
500 g Passata
1 gehäufter EL Tomatenmark
1 EL Malzessig oder Apfelessig
1 Handvoll Koriandergrün, grob zerpflückt
1 gute Prise Meersalz

✳

Den Schongarer auf niedriger Stufe vorheizen.

Öl, Currypulver, Kreuzkümmel, Kurkuma, Chiliflocken und Knoblauch in einer Schüssel zu einer Gewürzpaste vermengen.

Zwiebel, Zucchini, Bohnen, Paprikaschote, Brokkoli und Erbsen in den Schongarer füllen. Dann die Chiliringe unterrühren. Einige Ringe zum Garnieren beiseitestellen.

Passata, Tomatenmark und Essig zugießen. Gewürzpaste zugeben und alles gründlich vermengen.

Den Deckel des Schongarers auflegen und das Vindaloo auf niedriger Stufe 6 Stunden garen, bis das Gemüse zart ist.

Mit den beiseitegestellten Chiliringen und dem Koriandergrün bestreuen und mit Meersalz würzen.

 TIPPS & TRICKS
Mit jedem Happen tritt die Schärfe der Chilis stärker hervor. Daran solltet ihr denken, bevor ihr mehr Chili zugebt (nicht vergessen: die Kerne sind mit dabei). Serviert besser einen Becher gekühlten Kokosjoghurt zum Vindaloo!

MANGO-LIMETTEN-LASSI

FÜR 4 PERSONEN

**Ein indisches Festmahl ohne cremig-kühlendes Lassi? Undenkbar!
Serviert es zu Vindaloo (S. 95) oder als süßen Abschluss
einer pikanten Mahlzeit.**

500 g Kokosjoghurt, gekühlt
1 reife Mango, geschält, entkernt und grob
  gewürfelt
1 EL Ahornsirup
frisch gepresster Saft von 1 Bio-Limette
Eiswürfel für 4 hohe Gläser

✳

Kokosjoghurt, Mango, Ahornsirup und
Limettensaft im Mixer per Pulse-Funktion
auf hoher Stufe gut pürieren.

4 hohe Gläser mit Eiswürfeln füllen und
dann das Lassi eingießen. Sofort servieren.

✦ **SO GEHT'S SCHNELLER**
✳ Ein Mixer püriert die Mango im Nu.
∘ Solltet ihr nur einen Pürierstab haben,
   könnt ihr die Zutaten in einen Krug
   geben und einfach etwas länger pürieren, bis ihr eine homogene Flüssigkeit
   habt.

KHEER-
KOKOSPUDDING

FÜR 4 PERSONEN

**Cremiger Kheer bildet den perfekten Abschluss eurer indischen
Mahlzeit. Heißer Kokosmilchreis mit milden Gewürzen und
Nüssen – wärmt die Seele schon nach 30 Minuten.**

400 ml Kokosmilch (aus der Dose)
2 EL Zucker
2 EL Kokosraspel
¼ TL geriebene Muskatnuss
¼ TL gemahlener Zimt
1 Prise gemahlener Kardamom
100 g Basmatireis
1 EL Mandelblättchen oder -splitter
1 EL geschälte Pistazien, grob gehackt

Die Kokosmilch in einen großen Topf
geben, die leere Dose mit heißem Wasser
füllen und zur Kokosmilch gießen. Bei
mittlerer Hitze zum Köcheln bringen.
Dann Zucker, Kokosraspeln, Muskatnuss,
Zimt und Kardamom zugeben.

Den Basmatireis zufügen und unter häufigem Rühren 20–25 Minuten garen.

Den Topf vom Herd nehmen und die Man-
delblättchen unterrühren. In vorgewärmte
Schüsseln füllen und mit den gehackten
Pistazien bestreuen.

✦ **TIPPS & TRICKS**
Verwendet hierfür normale Kokosmilch; fettreduzierte Kokosmilch
eignet sich eher für andere Rezepte.

CHINE

MENÜ FÜR 2 PERSONEN

Um ein chinesisches Festmahl gemütlich daheim zuzubereiten, muss man nicht zaubern können. Wenn wir uns Essen liefern lassen, ist es sehr häufig ein chinesisches Gericht. Und wer könnte uns das verübeln bei all diesen verführerischen Nudeln, den süß-sauren oder scharfen Saucen und den unverzichtbaren Beilagen?

SCHARF-SAURE SUPPE

REICHLICH FÜR 4 PERSONEN

Der perfekte Beginn für ein chinesisches Festmahl! Diese Suppe bringt die Geschmacksknospen zum Erblühen und weckt die Sinne mit einer geballten Ladung frischem Chili, kräftiger Sojasauce und saurem Essig. Für Gemüse und Tofu reicht ihr Stäbchen und für die Brühe einen Löffel.

1 EL Sonnenblumenöl
1 Karotte, geschält und gestiftelt
2 Frühlingszwiebeln, in dünne Ringe geschnitten
1 rote Chilischote, entkernt und fein geschnitten
2 Knoblauchzehen, geschält und zerdrückt
1 EL Ingwerpaste
4 Wirsingblätter, in dünne Streifen geschnitten
150 g Sojasprossen
225 g Wasserkastanien (aus der Dose), gut abgeseiht und abgespült
1 l heiße Gemüsebrühe
1 EL Tomatenmark
100 g fester Tofu, abgeseiht und fein gewürfelt
1 EL Malzessig oder Apfelessig
1 EL dunkle Sojasauce
1 Handvoll Schnittlauchröllchen, plus etwas mehr zum Garnieren
1 Handvoll Koriandergrün, grob gehackt

✳

Das Öl in einer großen Pfanne bei hoher Hitze heiß werden lassen. Karotte, Frühlingszwiebeln und Chili zufügen und unter Rühren 2–3 Minuten braten.

Dann Knoblauch, Ingwer und Wirsing zugeben und 1 weitere Minute braten.

Den Pfanneninhalt in den Schongarer füllen und Sojasprossen, Wasserkastanien, Brühe und Tomatenmark zufügen. Gut vermengen und 3–4 Stunden garen, bis das Gemüse weich wird.

Den Tofu zugeben und weitere 30 Minuten garen.

Den Schongarer ausschalten und Essig, Sojasauce, Schnittlauchröllchen und Koriandergrün unterrühren. Auf vorgewärmte Schüsseln verteilen und mit den restlichen Schnittlauchröllchen garnieren.

SO GEHT'S SCHNELLER

Für dieses Rezept müsst ihr den Tofu nicht pressen. Diese Suppe lässt sich vor der Zugabe der frischen Kräuter gut einfrieren. Zum Verzehr auftauen lassen, erneut erhitzen und erst dann Schnittlauchröllchen und Koriandergrün zufügen.

KNUSPRIGE GRÜNKOHL-ALGEN

FÜR 2 PERSONEN ALS BEILAGE

Wusstet ihr, dass die knusprigen Algen, die oft zu chinesischen Speisen serviert werden, eigentlich gebratener Grünkohl oder junge Gemüsekohlblätter sind? Man nennt sie nur deshalb Algen, weil das fertige Gericht tatsächlich optisch daran erinnert! Bei diesem Rezept wird der Grünkohl gebacken – so wird er auch ohne Fett schön knusprig.

180 g Grünkohl, zerpflückt, zähe Stängel entfernt
2 EL Sonnenblumenöl
1 TL Zucker
½ TL Meersalz
1 gute Prise chinesisches Fünf-Gewürze-Pulver
2 TL Sesamsamen

Den Backofen auf 180 °C (Ober-/Unterhitze) vorheizen.

Grünkohl und Öl in einer großen Schüssel vermengen. Dann Zucker, Meersalz, chinesisches Fünf-Gewürze-Pulver und Sesamsamen zufügen und alles nochmals gut vermischen.

Den Grünkohl gleichmäßig auf 2 Backbleche verteilen. 9–10 Minuten backen, bis er knusprig ist, und dann heiß servieren.

✦ **SO GEHT'S SCHNELLER**

Falls ihr im Supermarkt an verzehrfertig abgepackten Grünkohlblättern vorbeikommt, nehmt sie mit: So müsst ihr die großen Blätter nicht klein hacken und könnt sie in weniger als 15 Minuten zubereiten!

SÜSS-SAURER BLUMENKOHL HONG KONG STYLE

FÜR 2 PERSONEN

Süß-sauer ist nicht zu toppen? Da habt ihr euch getäuscht! Verfeinert die Sauce mit diesem panierten und frittierten Blumenkohl, der besonders in Hong Kong beliebt ist. Dazu gibt's Gebratenen Reis (S. 110).

Für den Blumenkohl
100 g Mehl
1 TL Backpulver
100 g Speisestärke
500 ml Sonnenblumenöl zum Braten
1 kleiner Blumenkohl, in mundgerechte
  Röschen zerteilt, Stängel gekürzt

Für die süß-saure Sauce
1 EL Sonnenblumenöl
1 grüne Paprikaschote, grob in Stücke
  geschnitten
5 Maiskölbchen, halbiert
400 g Ananas (aus der Dose), abgeseiht
150 g Tomatenketchup
50 g Rohrohrzucker
5 EL Malzessig oder Apfelessig
1 EL helle Sojasauce
1 kleine Handvoll Koriandergrün, fein
  gehackt

✳

Mehl, Backpulver und Speisestärke in einer großen Schüssel vermengen. 150 ml kaltes Wasser zugießen und alles zu einem glatten Teig verquirlen. Einige Minuten ruhen lassen. Inzwischen das Öl in einem großen Topf mit schwerem Boden oder in der Fritteuse erhitzen.

Etwas Teig ins Öl tropfen lassen – falls er sofort zischt, ist das Öl heiß genug. Die Blumenkohlröschen in den Teig tauchen und mit einem Schaumlöffel ins heiße Öl geben. 3–4 Minuten goldbraun frittieren. Den Topf nicht zu voll machen, sondern die Röschen besser portionsweise ausbacken. Auf Küchenpapier abtropfen lassen und dann warm halten.

Für die süß-saure Sauce das Öl bei hoher Temperatur im Wok erhitzen. Dann Paprika, Maiskölbchen und Ananasstücke zugeben und unter Rühren 2 Minuten braten. Tomatenketchup, Rohrohrzucker, Essig und Sojasauce zufügen, vermengen und 8–10 Minuten sautieren, bis die Sauce eindickt und das Gemüse weich ist.

Sauce und Gemüse auf Teller verteilen und mit dem panierten Blumenkohl krönen. Mit Koriandergrün garnieren und sofort servieren.

SO GEHT'S SCHNELLER
Die süß-saure Sauce könnt ihr bis zu 2 Tage im Voraus zubereiten. In einem luftdichten Behälter im Kühlschrank aufbewahren und dann vor dem Servieren gründlich durcherhitzen.

KNUSPRIGE GEMÜSEFRÜHLINGSROLLEN

FÜR 4 PERSONEN

Knusprige Frühlingsrollen ohne Frittieren! Damit sie richtig knusprig werden, solltet ihr pro Rolle nur ein Blatt Filoteig verwenden und sie im Backofen zubereiten – und schon habt ihr eure chinesische Lieblingsbeilage. Mit einem Schüsselchen Soja- oder süßer Chilisauce dazu könnt ihr nach Herzenslust dippen.

1 EL Sonnenblumenöl
2 Karotten, geschält und mit einem Gemüseschäler in Bänder geschnitten
2 Frühlingszwiebeln, fein gehackt
2 Radieschen, gewürfelt
1 kleine Handvoll Grünkohl
½ TL chinesisches Fünf-Gewürze-Pulver
8 Blatt Filoteig (ohne Milchprodukte)
2 TL Sesamsamen

✳

Den Backofen auf 200 °C (Ober-/Unterhitze) vorheizen.

Das Öl bei hoher Hitze im Wok heiß werden lassen. Karottenbänder, Frühlingszwiebeln, Radieschen und Grünkohl zufügen und unter Rühren 3–4 Minuten braten, bis das Gemüse allmählich weich wird. Mit Fünf-Gewürze-Pulver bestreuen und unter Rühren 1 weitere Minute sautieren. Danach leicht abkühlen lassen.

Die Teigblätter vorsichtig auf einer sauberen Arbeitsfläche ausbreiten. Die kürzere Teigseite eines Blattes parallel zur Tischkante legen und 1 EL Gemüsefüllung in einem 10 cm langen Streifen in der Mitte des unteren Teigrands auftragen. Die Seiten links und rechts nach innen über die Füllung schlagen und den Teig von unten aus komplett aufrollen, sodass die Füllung umhüllt ist. Das Frühlingsröllchen auf ein Backblech legen und mit den restlichen Teigblättern und der Füllung ebenso verfahren.

Die Sesamsamen auf die Frühlingsrollen streuen und etwas andrücken. Die Röllchen 20–25 Minuten backen, bis sie goldbraun und knusprig sind.

✦ TIPPS & TRICKS

Viele Filoteigmarken sind vegan, weil dafür Pflanzenöl statt Butter verwendet wird. Werft vor dem Kauf aber sicherheitshalber einen Blick auf die Zutaten.

GEBRATENER REIS

FÜR 2 PERSONEN

Chinesisches Essen ohne eine ordentliche Portion gebratenem Reis? Geht gar nicht! Diese Version enthält reichlich Gemüse, Edamamebohnen und abgesehen von den klassischen Aromen von Sesamöl und Sojasauce auch eine Spur Fünf-Gewürze-Pulver.

1 EL Sonnenblumenöl
1 Handvoll TK-Edamamebohnen oder frisch gepalte Edamamebohnen
1 kleine Handvoll TK-Erbsen
2 Frühlingszwiebeln, fein gehackt
1 Karotte, geschält und fein gewürfelt
10 Zuckerschoten, diagonal halbiert
2 EL Cashewnüsse
¼ TL chinesisches Fünf-Gewürze-Pulver
250 g Langkornreis, gekocht
2 EL dunkle Sojasauce
1 EL Sesamöl
frisch gepresster Saft von ½ Bio-Limette

✳

Das Öl bei hoher Hitze in einem Wok heiß werden lassen. Edamamebohnen, Erbsen, Frühlingszwiebeln, Karotte und Zuckerschoten zufügen und unter Rühren 3–4 Minuten braten, bis das Gemüse allmählich weich wird.

Cashewnüsse und Fünf-Gewürze-Pulver zugeben und 1 weitere Minute sautieren.

Reis, Sojasauce und Sesamöl zufügen und unter Rühren weitere 2 Minuten braten, sodass sich die Sauce im Reis und Gemüse gut verteilt.

Vom Herd nehmen, den Limettensaft einrühren und den Reis heiß servieren.

 SO GEHT'S SCHNELLER

Den Reis könnt ihr am Vortag zubereiten. Dann komplett abkühlen lassen und bis zur Verwendung im Kühlschrank aufbewahren.

TOFU MIT
SCHWARZE-BOHNEN-SAUCE

FÜR 4 PERSONEN

Schwarze-Bohnen-Sauce duftet nach einem köstlichen chinesischen Geheimnis – aber im Grunde kann man sie mit den richtigen Bohnen ganz einfach zu Hause zubereiten! Dazu braucht ihr fermentierte schwarze Sojabohnen und nicht die für mexikanische Gerichte verwendeten schwarzen Bohnen. Erhältlich sind sie im Asiamarkt, online oder in großen Supermärkten. Die Sauce passt zu knusprigem Tofu mit Paprikaschoten und Wirsingstreifen – so schmeckt Fernost!

Schwarze-Bohnen-Sauce lässt sich gut einfrieren

Für die Schwarze-Bohnen-Sauce
1 EL Sonnenblumenöl
3 Knoblauchzehen, geschält und zerdrückt
1 EL Ingwerpaste
3 Frühlingszwiebeln, fein gehackt
3 EL fermentierte schwarze Sojabohnen, abgespült und grob gehackt
1 gehäufter EL Speisestärke

Für den Tofu
1 EL Speisestärke
280 g fester Tofu, abgeseiht und gepresst (siehe S. 14), 5 cm dick geschnitten
1 EL Sonnenblumenöl
1 grüne Paprikaschote, in dünne Streifen geschnitten
¼ Wirsing, in grobe Streifen geschnitten

✳

Für die Sauce Öl, Knoblauch, Ingwer und 2 der Frühlingszwiebeln in einem Topf unter häufigem Rühren bei mittlerer Hitze 2–3 Minuten braten.

Schwarze Sojabohnen zufügen und 1 weitere Minute sautieren. 300 ml kochendes Wasser und Speisestärke zugeben. Unter Rühren 15–20 Minuten köcheln lassen, bis eine dickflüssige Sauce entsteht.

In der Zwischenzeit die Speisestärke auf einem Teller verteilen und die Tofuscheiben darin wenden. Das Öl in einem großen Wok erhitzen. Den Tofu vorsichtig zufügen und von jeder Seite 5–6 Minuten goldbraun braten. Paprika und Wirsing zugeben und unter Rühren 3–4 Minuten weich dünsten. Die Schwarze-Bohnen-Sauce in den Wok gießen und unter Rühren 1 Minute fertig garen. Mit der restlichen Frühlingszwiebel bestreuen und servieren.

 SO GEHT'S SCHNELLER
Wie man Tofu richtig presst, könnt ihr auf S. 14 nachlesen. Ihr könnt auch mehr Sauce zubereiten und in einem tiefkühlgeeigneten Behälter einfrieren – falls ihr spontan Lust auf Chinesisch habt.

GEFÜLLTE PFANNKUCHEN MIT KLEBRIGEN ORANGEN-SESAM-TOFUWÜRFELN

FÜR 4 PERSONEN

Dieser mit knusprigen Sesamsamen und knackigen Frühlingszwiebeln gekrönte Orangentofu schmeckt leicht nach Chili. Wenn ihr ihn wie im Restaurant in Pfannkuchen packt, wird ihn die ganze Familie lieben. Ihr könnt euch auch noch weitere Toppings überlegen: Sojasprossen sind schön knackig und Schnittlauch oder Koriander sorgen für Frische.

Für die Pfannkuchen

150 g Mehl plus etwas mehr zum Bestäuben
1 TL Sonnenblumenöl

Für den Tofu

1 EL Speisestärke
1 Block (280 g) fester Tofu, abgeseiht und gepresst (siehe S. 14), in mundgerechte Stücke geschnitten
1 EL Sonnenblumenöl
½ TL Chiliflocken
3 EL Orangenmarmelade
2 EL Sesamsamen
2 Frühlingszwiebeln, in feine Ringe geschnitten
1 gute Prise Meersalz

✳

Für die Pfannkuchen das Mehl in einer Schüssel mit 120 ml kochendem Wasser zu einem dickflüssigen Teig vermengen. Dann 10 Minuten ruhen lassen, bis er kühl genug zum Anfassen ist.

Eine Arbeitsfläche mit etwas Mehl bestäuben und den Teig 5 Minuten kneten. In 8 gleich große Stücke schneiden. Mit einem Nudelholz jeweils zu einem sehr dünnen Kreis ausrollen.

Eine Pfanne leicht einölen und dann erhitzen. Die Teigkreise nacheinander für 30 Sekunden in die Pfanne geben, dann wenden und erneut 30 Sekunden backen. Dabei nicht braun werden lassen und warm halten.

Die Speisestärke auf einem Teller verteilen. Die Tofustücke darin wenden, sodass sie rundum gut bedeckt sind.

Das Öl in eine weitere Pfanne geben und die Tofuwürfel zufügen. Bei hoher Hitze 10–12 Minuten braten und den Tofu dabei häufig wenden. Die Chiliflocken darüberstreuen und 1 weitere Minute braten. Die Marmelade zugeben und unter ständigem Rühren 2 Minuten sautieren. Vom Herd nehmen und mit Sesamsamen und Frühlingszwiebeln bestreuen. Mit Meersalz würzen. Die Tofuwürfel kurz vor dem Servieren auf den Pfannkuchen verteilen.

✦ **SO GEHT'S SCHNELLER**
✳ Die Pfannkuchen könnt ihr einige Stunden im Voraus backen und später zum Verzehr nochmals erhitzen. Oder ihr kauft chinesische Pfannkuchen im Asialaden.

SINGAPUR-NUDELN

FÜR 2 PERSONEN

Im Gegensatz zu vielen anderen Nudelgerichten schmecken Singapur-Nudeln weniger fettig, aber würziger. Dieses Gericht ist in nicht mal 15 Minuten fertig, also genau richtig, wenn ihr dringend pikante Nudeln mit ordentlich Gemüse braucht. Woknudeln ohne Ei bekommt ihr in den meisten Supermärkten, meist im Asiaregal (Nudeln aus dem Kühlregal enthalten eher Ei), aber lest euch vor dem Kauf besser die Zutaten durch.

300 g Woknudeln (ohne Ei)
1 EL Sonnenblumenöl
2 EL Cashewnüsse
6 Brokkoliröschen oder Stängelkohl
1 Handvoll Champignons, geputzt und
    halbiert
8 Zuckerschoten, diagonal halbiert
2 TL mildes Currypulver
¼ TL gemahlene Kurkuma
2 TL helle Sojasauce
1 Frühlingszwiebel, in dünne Ringe
    geschnitten
1 kleine grüne Chilischote, entkernt und in
    dünne Ringe geschnitten
1 kleine Handvoll Koriandergrün, grob
    zerpflückt
frisch gepresster Saft von ¼ Bio-Zitrone

✳

Die Nudeln in einer feuerfesten Schüssel mit heißem Wasser bedecken. 4–5 Minuten durchziehen lassen, bis man sie leicht voneinander trennen kann. Dann vorsichtig abseihen.

Das Öl in einem großen Wok bei hoher Hitze heiß werden lassen. Cashewnüsse, Brokkoli, Champignons und Zuckerschoten zufügen und unter Rühren 3–4 Minuten braten. Danach Currypulver und Kurkuma untermengen.

Die Nudeln vorsichtig zufügen und weitere 2–3 Minuten braten, bis alles mit Gewürzen bedeckt ist. Die Sojasauce zugeben und 1 Minute weitergaren.

Vom Herd nehmen und mit Frühlingszwiebel, Chili und Koriandergrün bestreuen. Den Zitronensaft darüberträufeln und die Nudeln heiß servieren.

SO GEHT'S SCHNELLER

 Das Gemüse kann auch am Vortag klein geschnitten und in einem luftdichten Behälter im Kühlschrank aufbewahrt werden.

SCHNELLES WOKGEMÜSE MIT SATAYSAUCE

FÜR 2 PERSONEN

Schneller als vom Lieferdienst und auch noch wesentlich günstiger: Dieses Wokgemüse mit Sataysauce – cremige Erdnussbutter, roter Chili und knackiges Gemüse – wird euch begeistern. Es schmeckt hervorragend auf gedämpftem Reis oder ihr gebt beim Braten noch Nudeln ohne Ei dazu.

Für das Wokgemüse

1 EL Sonnenblumenöl
1 Karotte, geschält und in dünne Scheiben geschnitten
1 mittelgroße Zucchini, fein gestiftelt
6 Zuckerschoten, diagonal geschnitten
6 Maiskölbchen, diagonal geschnitten
4 Blätter Cavolo Nero (Palmkohl), grob gehackt
1 rote Chilischote, entkernt und fein geschnitten
1 EL gesalzene Erdnüsse, grob gehackt
frisch gepresster Saft von ½ Bio-Limette
2 Frühlingszwiebeln, fein gehackt
1 kleine Handvoll Koriandergrün, grob zerpflückt

Für die Sataysauce

2 gehäufte EL cremige Erdnussbutter
1 EL dunkle Sojasauce

✳

Das Öl bei hoher Hitze im Wok heiß werden lassen. Karotte, Zucchini, Zuckerschoten, Maiskölbchen und Cavolo Nero zufügen und unter Rühren 3–4 Minuten braten. Chili und Erdnüsse einrühren und 1 weitere Minute sautieren.

Inzwischen für die Sataysauce Erdnussbutter und Sojasauce in einem Krug mit 200 ml heißem Wasser zu einer homogenen Flüssigkeit verquirlen.

Die Erdnusssauce in den Wok gießen und unter Rühren 1–2 Minuten braten, bis das Gemüse rundum gut bedeckt ist.

Den Wok vom Herd nehmen und das Gemüse mit dem Limettensaft beträufeln. Mit Frühlingszwiebeln und Koriandergrün garnieren und das Gemüse heiß servieren.

✦

✳ TIPPS & TRICKS

◦ Ihr habt keinen Cavolo Nero bekommen? Wirsing oder Grünkohl bieten sich als Ersatz an.

CHINESISCHES KAROTTEN-CASHEW-CURRY

FÜR 4 PERSONEN

Für zarte Karotten, knackige Wasserkastanien, cremige Cashewnüsse und eine samtige Sauce braucht ihr hier nur einen Topf. Falls etwas übrig bleibt, könnt ihr Gemüsebrühe zugeben und das Ganze im Mixer pürieren, und schon habt ihr für den folgenden Tag eine köstliche Suppe.

1 EL Sonnenblumenöl

3 Karotten, geschält und diagonal in Scheiben geschnitten

10 Zuckerschoten

2 Frühlingszwiebeln, grob gehackt

2 EL Cashewnüsse

2 Knoblauchzehen, geschält und zerdrückt

1 TL Ingwerpaste

2 EL mildes Currypulver

1 TL chinesisches Fünf-Gewürze-Pulver

½ TL Chiliflocken

1 EL helle Sojasauce

800 ml heiße Gemüsebrühe

2 EL Speisestärke

225 g Wasserkastanien (aus der Dose), gut abgeseiht und abgespült

1 Handvoll TK-Erbsen

1 kleine Handvoll Koriandergrün, grob gehackt

✳

Das Öl in einem großen Topf bei hoher Hitze heiß werden lassen. Karotten, Zuckerschoten und Frühlingszwiebeln zufügen und unter Rühren 2–3 Minuten braten. Cashewnüsse, Knoblauch und Ingwerpaste zugeben und 1 weitere Minute sautieren.

Curry-, Fünf-Gewürze-Pulver und Chiliflocken darüberstreuen und alles gut vermengen. Sojasauce und Gemüsebrühe zugießen und die Speisestärke einrühren. Bei hoher Hitze weitergaren, dabei immer wieder umrühren.

Nach 20 Minuten die Wasserkastanien und Erbsen zufügen und weitere 10 Minuten garen, bis die Sauce eindickt.

Vom Herd nehmen und vor dem Servieren mit Koriandergrün bestreuen.

 TIPPS & TRICKS
Wasserkastanien aus der Dose findet ihr bei den internationalen Spezialitäten großer Supermärkte oder im Asialaden.

CHOW MEIN

REICHLICH FÜR 2 PERSONEN

Chow Mein ist die Krönung aller Nudelgerichte: Hier verbinden sich glatte Nudeln, knackiges Gemüse und süßliche Sojasauce. Es ist schneller fertig, als es der Lieferdienst vom Chinesen nebenan liefern kann!

300 g Woknudeln (ohne Ei)
1 EL Sonnenblumenöl
2 EL Cashewnüsse
1 Karotte, geschält und in dünne Scheiben geschnitten
6 Zuckerschoten, diagonal halbiert
6 kleine Brokkoliröschen, Strunk gekürzt
2 TL Ingwerpaste
2 Knoblauchzehen, geschält und zerdrückt
½ TL chinesisches Fünf-Gewürze-Pulver
4 EL dunkle Sojasauce
2 Frühlingszwiebeln, fein gehackt
1 kleine Handvoll Koriandergrün, grob zerpflückt
1 EL Sesamsamen

✳

Die Nudeln in einer feuerfesten Schüssel mit heißem Wasser bedecken. 4–5 Minuten durchziehen lassen, bis man sie leicht voneinander trennen kann. Dann vorsichtig absieben.

Das Öl in einem großen Wok bei hoher Hitze heiß werden lassen. Dann Cashewnüsse, Karotte, Zuckerschoten und Brokkoli zufügen. Unter Rühren 3–4 Minuten braten.

Ingwerpaste, Knoblauch und chinesisches Fünf-Gewürze-Pulver unterrühren und 1 weitere Minute sautieren. Dann Nudeln und Sojasauce zufügen und unter Rühren 2 Minuten braten.

Den Wok vom Herd nehmen. Frühlingszwiebeln und Koriandergrün unterheben, alles mit Sesamsamen bestreuen und heiß servieren.

 TIPPS & TRICKS

Wenn ihr die Nudeln vor dem Kochen kurz in heißem Wasser einweicht, lassen sie sich besser voneinander trennen und brechen im Wok nicht auseinander.

KNUSPRIGER BOHNENQUARK UND BROKKOLI IN PFLAUMENSAUCE

FÜR 4 PERSONEN

Süß, klebrig und unglaublich lecker – der Restaurantklassiker im veganen Gewand schmeckt herrlich frisch. Dazu könnt ihr Gebratenen Reis (S. 110) oder gedämpftes grünes Gemüse servieren.

Für die Pflaumensauce
6 reife Pflaumen, entkernt und grob gehackt
3 EL Rohrohrzucker
2 TL Ingwerpaste
½ TL Chiliflocken
½ TL chinesisches Fünf-Gewürze-Pulver
2 Sternanise
2 EL dunkle Sojasauce

Für Bohnenquark und Brokkoli
2 EL Sonnenblumenöl
2 TL Speisestärke
1 Block (280 g) fester Tofu, abgeseiht und gepresst (siehe S. 14), in dünne, gleichmäßige Dreiecke geschnitten
1 Stängel Brokkoli, in gleich große Röschen zerteilt
2 Frühlingszwiebeln, in feine Ringe geschnitten
1 kleine Handvoll Koriandergrün, zerpflückt
1 TL Sesamsamen

✳

Für die Pflaumensauce Pflaumen und Zucker in einem großen Topf bei mittlerer bis hoher Hitze heiß werden lassen. Dann Ingwerpaste, Chiliflocken, Fünf-Gewürze-Pulver und Sternanise zufügen und unter häufigem Rühren 20 Minuten köcheln

lassen. Anschließend 100 ml kaltes Wasser zugießen, umrühren und weitere 10 Minuten garen. Vom Herd nehmen, die Sternanise herausnehmen und wegwerfen und die Sojasauce einrühren. Mit dem Pürierstab zu einer glatten Sauce verarbeiten.

Inzwischen das Öl bei hoher Hitze in einem großen Wok heiß werden lassen. Die Speisestärke auf einem Teller verteilen, die Tofudreiecke darin wenden und überschüssige Stärke abschütteln.

Im Wok 4–5 Minuten anbraten, bis sie goldbraun und knusprig sind. Dann wenden und von der anderen Seite bräunen. Die Brokkoliröschen zufügen und unter Rühren weitere 2–3 Minuten sautieren.

Die Pflaumensauce in den Wok gießen und die Mischung unter Rühren 1 Minute braten, bis Tofu und Brokkoli rundum bedeckt sind. Vom Herd nehmen und mit Frühlingszwiebeln, Koriandergrün und Sesamsamen bestreuen. Heiß servieren.

 SO GEHT'S SCHNELLER
Für eine feste Konsistenz muss man Tofu auspressen. Auf S. 14 könnt ihr nachlesen, wie das genau funktioniert.

FRITTIERTE ANANASRINGE

FÜR 4 PERSONEN

Schnell gemacht und noch schneller gegessen! Diese verführerische chinesische Spezialität mit zimtigem Teig enthält heiße, süße Ananasringe. Der ideale Abschluss für euer chinesisches Festmahl.

400 ml Sonnenblumenöl zum Braten
100 g Mehl
1 TL Backpulver
1 TL Sesamsamen
½ TL gemahlener Zimt
200 ml Mineralwasser mit Kohlensäure
400 g Ananasringe (aus der Dose),
  abgeseiht
1 TL Puderzucker

✳

Das Öl bei mittlerer Hitze in einem großen Topf mit schwerem Boden heiß werden lassen.

Mehl, Backpulver, Sesamsamen und Zimt in einer Schüssel verquirlen. Das Mineralwasser zugießen und alles zu einem glatten Teig verquirlen.

Einen Klecks Teig in den Topf tropfen. Wenn er zischt, nach oben steigt und goldbraun wird, ist das Öl heiß genug.

Die Ananasringe in den Teig tauchen und abtropfen lassen. Vorsichtig in das heiße Öl legen und 4–5 Minuten goldbraun frittieren. Jeweils nur 2 oder 3 Ringe gleichzeitig frittieren, damit sie nicht aneinanderhaften. Mit dem Schaumlöffel aus dem Topf heben und auf Küchenpapier abtropfen lassen.

Mit etwas Puderzucker bestäuben und heiß servieren.

 TIPPS & TRICKS

✳ Ananasringe aus der Dose schmecken wunderbar. Solltet ihr aber gerade ○ eine frische Ananas haben, so werden die frittierten Ringe noch viel besser!

WEISSE SCHOKOMOUSSE MIT KIWI

FÜR 2 PERSONEN

Als krönenden Abschluss eures chinesischen Abends könnt ihr dieses
süße Dim Sum servieren. Weiße Schokolade ohne Milch gibt es in
den meisten Supermärkten, sie verleiht diesem Dessert eine intensive
Süße. Nehmt unbedingt Seidentofu, da ihr mit festem Tofu keine
Mousse mit luftig-leichter Konsistenz zubereiten könnt.

340 g Seidentofu
100 g weiße Schokolade (ohne Milch), in
   gleich große Stücke gebrochen
4 EL Ahornsirup
1 TL Vanilleextrakt von guter Qualität
1 Kiwi, geschält und in dünne Scheiben
   geschnitten

✳

Den Seidentofu im Mixer auf hoher Stufe
oder dem Pürierstab fein pürieren.

Die weißen Schokoladenstückchen im
Wasserbad schmelzen (der Boden der
Schüssel darf das Wasser nicht berühren).
Gelegentlich umrühren, bis die Schokolade
vollständig geschmolzen ist. Vorsichtig zur
Tofumasse gießen.

Ahornsirup und Vanilleextrakt unterrühren
und erneut pürieren, bis die Mischung
wieder seidig glatt und homogen ist.

In kleine Dessertschalen füllen, abdecken
und mindestens 4 Stunden oder über
Nacht kalt stellen, bis die Mousse fest ist.

Vor dem Servieren mit den Kiwischeiben
garnieren.

 SO GEHT'S SCHNELLER
Da die Mousse im Kühlschrank fest
werden muss, könnt ihr sie bereits am
Vortag zubereiten. Dann müsst ihr sie
vor dem Servieren nur noch mit den
frischen Kiwischeiben dekorieren.

MEDITE
& NAHÖ

MENÜ FÜR 2 PERSONEN

Tabbouleh mit Granatapfel (Seite 132)

Baba Ganoush (Seite 133)

Kichererbsenköfte mit Aprikosen und Pistazien (Seite 140)

Dattel-Orangen-Schnecken mit Muskatnuss (Seite 153)

Manchmal muss es einfach ein veganer Döner sein.
Aber das sollte euch nicht davon abhalten, die anderen
Rezepte in diesem Kapitel auszuprobieren, denn diese
mediterranen und nahöstlichen Speisen sind höchst
aromatisch und farbenfroh. Und die Zubereitung dieser
duftenden Klassiker ist einfacher, als ihr vielleicht glaubt.

GEFÜLLTE MANGOLDBLÄTTER

FÜR 4 PERSONEN ALS BEILAGE

Gefüllte Weinblätter sind eine Delikatesse, aber Weinblätter kosten oft recht viel. Dies ist das Stichwort für den Auftritt des bescheidenen Mangoldblattes, das sich wunderbar als Ersatz eignet. Ich habe das Rezept auch mit jungen Gemüse- und Grünkohlblättern ausprobiert; beide sind leicht erhältlich und günstig.

200 g Basmatireis
1 Handvoll Minzeblätter, fein gehackt
1 gute Handvoll Dill, fein gehackt
1 gute Handvoll glatte Petersilie, fein gehackt
1 Handvoll Schnittlauchröllchen
Saft von 1 Bio-Zitrone
1 Schuss natives Olivenöl extra
1 gute Prise Meersalz
10 große Mangoldblätter, längs halbiert, zäher unterer Teil der Stängel entfernt
Sesamsamen zum Bestreuen

✳

Den Basmatireis in einem Topf mit 400 ml kochendem Wasser bedecken. 12–15 Minuten köcheln lassen, bis er gar ist. Inzwischen den Backofen auf 180 °C (Ober-/Unterhitze) vorheizen.

Den Reis vorsichtig in eine große Schüssel füllen und die gehackten Kräuter unterrühren. Zitronensaft und Olivenöl zugießen und alles gut vermengen. Mit Meersalz abschmecken.

1 Mangoldblatthälfte auf eine saubere Arbeitsfläche legen. 1 EL Kräuterreis in die Mitte platzieren. Die Längsseiten zur Mitte hin zusammenklappen. Dann das Blatt, beginnend an einer kurzen Seite, fest zu einem Päckchen zusammenrollen. In eine Bratreine legen und mit den anderen Blättern ebenso verfahren. Die Päckchen dicht nebeneinander anordnen und mit 200 ml kochendem Wasser übergießen. Locker mit Alufolie abdecken und 30 Minuten backen.

Vorsichtig aus dem Backofen nehmen und einige Minuten stehen lassen. Dann mit Sesamsamen bestreuen und servieren.

 SO GEHT'S SCHNELLER
Diese gefüllten Mangoldblätter können heiß oder kalt serviert werden. Im Kühlschrank sind sie bis zu 2 Tage haltbar. Eine tolle Beilage oder ein Snack, der zu jeder Tageszeit schmeckt.

TABBOULEH MIT GRANATAPFEL

FÜR 4 PERSONEN ALS BEILAGE

Dieser traditionelle Kräutersalat ergibt eine erfrischende Beilage, die bestens zur Kichererbsentajine mit Karotten und Datteln (S. 137) passt. Tabbouleh ist in weniger als 15 Minuten zubereitet.

80 g Bulgur
1 Handvoll glatte Petersilie, fein gehackt
1 Handvoll Minzeblätter, fein gehackt
Kerne von 1 Granatapfel
natives Olivenöl extra, zum Beträufeln
Saft von 1 Bio-Zitrone
1 gute Prise Meersalz

Den Bulgur in einer großen feuerfesten Schüssel mit kochendem Wasser übergießen. Mit einem Deckel oder Teller abdecken und 10 Minuten quellen lassen, bis das Wasser ganz aufgesogen wurde.

Den Bulgur mit einer Gabel auflockern und Petersilie, Minze und Granatapfelkerne unterrühren.

Mit Olivenöl und Zitronensaft beträufeln und alles gut vermengen. Mit Meersalz abschmecken.

✦ SO GEHT'S SCHNELLER

Ihr habt nicht genügend Zeit, um die Kerne aus dem Granatapfel zu pulen? In den meisten Supermärkten gibt es ausgelöste Granatapfelkerne zu kaufen.

BABA GANOUSH

FÜR 2 PERSONEN ALS DIP

Wenn ihr am Samstagnachmittag ein paar Zutaten in den Schongarer füllt, habt ihr zum Abendessen einen herrlichen orientalischen Dip, den ihr nur noch pürieren und mit Olivenöl, Zitronensaft und Petersilie verfeinern müsst. Statt Sesam-Tahini verwende ich hier die nicht wirklich traditionelle Erdnussbutter, die dem Dip eine rauchigere Note verleiht. Aber ihr könnt natürlich auch Tahini nehmen. Serviert den Dip mit Hummus, Oliven und Fladenbrot als köstliche Mezzetafel.

1 große Aubergine, in 3 cm dicke Würfel geschnitten
2 EL cremige Erdnussbutter
1 Knoblauchzehe, geschält und zerdrückt
1 guter Schuss natives Olivenöl extra, plus etwas mehr zum Servieren
frisch gepresster Saft von ¼ Bio-Zitrone
1 kleine Handvoll glatte Petersilie, fein gehackt
1 gute Prise geräuchertes Meersalz
1 gute Prise geräuchertes Paprikapulver

✳

Den Schongarer auf niedriger Stufe vorheizen.

Aubergine, Erdnussbutter und Knoblauch in den Schongarer geben. Den Deckel auflegen und die Mischung auf niedriger Stufe 4 Stunden garen, bis die Aubergine weich ist.

Dann in einen Mixer füllen, Olivenöl und Zitronensaft zugießen und zu einer groben Paste pürieren.

Das Püree in eine Schüssel füllen und den Großteil der Petersilie unterheben. Mit geräuchertem Meersalz abschmecken. In eine Servierschüssel umfüllen, mit Olivenöl beträufeln und mit Paprikapulver und restlicher Petersilie bestreuen. Warm servieren oder kalt stellen, nachdem der Dip etwas abgekühlt ist.

 SO GEHT'S SCHNELLER
Falls ihr die Aubergine im Mixer püriert, müsst ihr die Schale nicht abziehen. Wenn ihr die Aubergine aber von Hand mit dem Kartoffelstampfer zerkleinern wollt, solltet ihr die Schale abziehen und das Fruchtfleisch dann erst würfeln.

GRIECHISCHER SALAT

FÜR 4 PERSONEN ALS BEILAGE

Wusstet ihr, dass der halbwelke Salat, den ihr oft in eurer Essensbestellung mitgeliefert bekommt, eine riesige Lebensmittelverschwendung ist? Kein Wunder, der Salat kommt oft schon schlapp, bräunlich und welk im Restaurant an. Dieser griechische Salat mit Kräutern schmeckt frisch und knackig: Verfeinert mit einem Spritzer Zitronensaft ergibt er eine erfrischende Beilage zu jedem Take-away-Gericht.

300 g Kirschtomaten, unterschiedlich aufgeschnitten (siehe Tipps)
¼ Gurke, längs halbiert und in Scheiben geschnitten
10 entkernte schwarze Oliven, halbiert
½ kleine rote Zwiebel, geschält und in dünne Ringe geschnitten
frisch gepresster Saft von ½ Bio-Zitrone
2 EL natives Olivenöl extra
1 kleine Handvoll Dill, fein gehackt
1 kleine Handvoll glatte Petersilie, fein gehackt
2 TL Mandelblättchen oder -splitter
Meersalz und schwarzer Pfeffer aus der Mühle

✳

Tomaten, Gurke, Oliven und Zwiebel in eine große Schüssel füllen.

Zitronensaft, Olivenöl, Dill und Petersilie unterrühren.

Mit den Mandelblättchen bestreuen und vorsichtig vermengen. Mit Meersalz und Pfeffer abschmecken.

✦ TIPPS & TRICKS

Vergesst bei den Tomaten alle Regeln! Ein paar könnt ihr vierteln, andere in Scheiben schneiden, eine Handvoll halbieren und die restlichen würfeln. So bekommt der Salat eine spannende Konsistenz und ihr spart euch Zeit, weil ihr nicht so akkurat arbeiten müsst.

KICHERERBSENTAJINE MIT KAROTTEN UND DATTELN

REICHLICH FÜR 4 PERSONEN

Ihr könnt diesen authentisch schmeckenden Klassiker gemütlich zu Hause zubereiten. Überlasst dem Backofen die Arbeit – einen speziellen Tajinetopf braucht ihr auch nicht: In einem Schmortopf mit Deckel klappt es genauso gut!

Lässt sich gut einfrieren

1 EL Sonnenblumenöl
3 Karotten, geschält und grob in 3 cm
    große Stücke gehackt
2 mittelgroße Süßkartoffeln, geschält und
    grob in 3 cm große Stücke gehackt
2 rote Zwiebeln, geschält und geviertelt
2 Knoblauchzehen, geschält und in dünne
    Scheiben geschnitten
2 TL Harissapaste
2 TL gemahlener Kreuzkümmel
1 TL gemahlene Kurkuma
1 TL Ingwerpaste
400 g Kichererbsen (aus der Dose),
    abgeseiht und gut abgespült
10 Datteln, entkernt und gehackt
frisch gepresster Saft von ½ Bio-Zitrone
Meersalz und schwarzer Pfeffer aus der
    Mühle
1 Handvoll glatte Petersilie, grob gehackt

✳

Den Backofen auf 180 °C (Ober-/Unterhitze) vorheizen.

Das Öl in einem Schmortopf erhitzen, Karotten, Süßkartoffeln und rote Zwiebeln zufügen und auf dem Herd bei hoher Hitze 4–5 Minuten braten, bis das Gemüse allmählich weich wird.

Knoblauch, Harissapaste, Kreuzkümmel, Kurkuma und Ingwerpaste zufügen, dann Kichererbsen, Datteln und 100 ml kaltes Wasser zugeben.

Den Deckel auflegen und den Schmortopf in den Backofen stellen. Die Tajine 45 Minuten backen, bis das Gemüse weich ist und die Garflüssigkeit köchelt.

Den Schmortopf vorsichtig aus dem Backofen holen und die Tajine mit dem Zitronensaft beträufeln. Mit reichlich Salz und Pfeffer würzen und kurz vor dem Servieren die Petersilie darüberstreuen.

 TIPPS & TRICKS

✳ Falls ihr keine Zeit habt, um die Datteln zu hacken, könnt ihr auch
◦ getrocknete Aprikosen oder große, saftige Sultaninen aus dem Vorratsschrank verwenden – sie schmecken ebenfalls sehr fein.

GRIECHISCHE LINSENMOUSSAKA

FÜR 4 PERSONEN

Die Zubereitung von Moussaka hat nichts Geheimnisvolles an sich: Aus Schichten
von Aubergine und mit Zimt gewürztem Linsen-»Hack« entsteht im Backofen eine
köstliche Hauptmahlzeit. Dazu passt knuspriges Brot und ein grüner Salat.

Lässt sich gut einfrieren

1 EL Sonnenblumenöl
1 Zwiebel, geschält und gewürfelt
1 Knoblauchzehe, geschält und zerdrückt
1 TL gemahlener Zimt
1 TL Paprikapulver
1 TL getrockneter Oregano
1 TL getrocknete Kräutermischung
400 g stückige Tomaten (aus der Dose)
400 g grüne Linsen (aus der Dose),
    abgeseiht und gut abgespült
Meersalz und Pfeffer aus der Mühle
2 Auberginen, in Scheiben geschnitten
1 kleine Handvoll Petersilie, grob gehackt

Für die weiße Sauce
1 EL Sonnenblumenöl
1 EL Mehl
250 ml ungesüßte Sojamilch

✳

Den Backofen auf 200 °C (Ober-/Unter-
hitze) vorheizen. Das Öl in einer großen
Pfanne erhitzen und die Zwiebel 2–3 Minuten anbraten, bis sie allmählich weich wird.
Knoblauch, Zimt, Paprikapulver, Oregano
und Kräutermischung zugeben. Tomaten
und Linsen zufügen und 10 Minuten köcheln lassen.

Gut mit Salz und Pfeffer würzen.

Eine Bratreine oder Auflaufform mit einer
Schicht Auberginenscheiben auslegen und
mit einer Lage Linsenmischung bedecken.
Dann bis 2 cm unter den Rand der Form
abwechselnd Auberginen und Linsen ein-
schichten und 15 Minuten backen.

Inzwischen für die weiße Sauce Öl und
Mehl bei niedriger Hitze in einem Topf zu
einer Mehlschwitze verquirlen. Unter ständigem Rühren die Hälfte der Sojamilch
zugeben, bis die Sauce andickt. Den Rest
zugießen und erneut verquirlen. Mit Salz
und Pfeffer abschmecken.

Die Moussaka aus dem Backofen holen und
mit der Sauce übergießen. Weitere 45 Minuten backen, bis die Sauce an den Rändern
goldbraun ist. Aus dem Backofen nehmen,
mit Petersilie bestreuen und heiß servieren.

 SO GEHT'S SCHNELLER
Die Linsenmischung kann bis zu
3 Tage im Voraus zubereitet und im
Kühlschrank aufbewahrt werden.
Oder ihr friert sie ein und verwendet
sie später aufgetaut für die Moussaka.

KICHERERBSENKÖFTE MIT APRIKOSEN UND PISTAZIEN

FÜR 2 PERSONEN

Diese himmlischen Häppchen werden in warmen Fladenbroten mit einer pfeffrigen Zitronen-Tahini-Sauce serviert. Damit die Köfte aromatisch, aber nicht zu fettig werden, backen wir sie im Ofen anstatt sie zu frittieren. Mit Gurkenscheiben und Salatblättern schmeckt es schön knackig.

Die Köfte lassen sich gut einfrieren

Für die Köfte
1 EL Sonnenblumenöl
1 Zwiebel, geschält und gewürfelt
1 TL gemahlener Kreuzkümmel
½ TL getrockneter Oregano
1 EL geschälte Pistazien
400 g Kichererbsen (aus der Dose), gut abgeseiht und abgespült
1 EL Brown Sauce (online erhältlich)
Meersalz
140 g getrocknete Aprikosen, fein gehackt

Zum Servieren
2 EL Tahini
frisch gepresster Saft von ¼ Bio-Zitrone
1 Prise schwarzer Pfeffer aus der Mühle
4 kleine Fladenbrote (vegan), aufgewärmt
1 kleine Handvoll glatte Petersilienblätter, zerpflückt

✳

Den Backofen auf 180 °C (Ober-/Unterhitze) vorheizen. Das Öl in einem Topf erhitzen und die Zwiebel 2–3 Minuten anbraten, bis sie allmählich weich wird. Kreuzkümmel, Oregano und Pistazien zufügen und vermengen. Weitere 2 Minuten braten.

In der Zwischenzeit die Kichererbsen in eine Schüssel füllen und mit kochendem Wasser bedecken. 5 Minuten stehen lassen und dann abseihen.

Die Zwiebel-Pistazien-Mischung im Mixer pürieren. Kichererbsen, Brown Sauce und 1 gute Prise Meersalz zugeben und alles zu einer dicken, groben Paste vermengen. Die getrockneten Aprikosen unterrühren. Portionsweise walnussgroße Bällchen formen, auf ein Backblech legen und 25–30 Minuten backen, bis sie goldbraun sind.

Inzwischen Tahini und Zitronensaft gut vermengen. Mit schwarzem Pfeffer abschmecken.

Die Köfte aus dem Backofen holen, in die Fladenbrote füllen und mit der Tahinisauce krönen. Mit Petersilie bestreuen und servieren.

 SO GEHT'S SCHNELLER
Die Kichererbsen aus der Dose lassen sich nach dem Einweichen in heißem Wasser besser pürieren. Kichererbsen aus dem Glas sind oft weicher, und benötigen diesen Zwischenschritt nicht.

FALAFEL IN HARISSA-SAUCE

FÜR 4 PERSONEN

Gekaufte Falafel sind praktisch, schmecken aber selten so gut wie frisch aus der Fritteuse. Dieses 30-Minuten-Rezept peppt die Fertigfalafel durch köstliche orientalische Aromen auf. Ihr habt die Wahl: Füllt die Falafel in getoastete Pitabrote oder dippt sie in eine würzige Sauce.

400 g stückige Tomaten (aus der Dose)
2 TL Harissapaste
1 kleine rote Zwiebel, geschält und in
   dünne Ringe geschnitten
12 entkernte grüne Oliven
8 Fertigfalafel (vegan)
1 Handvoll glatte Petersilie, fein gehackt
1 gute Prise Meersalz
1 EL ungesüßter Sojajoghurt
4 Pitabrote, getoastet

✳

Den Backofen auf 200 °C (Ober-/Unter-hitze) vorheizen.

Die stückigen Tomaten in einen Schmor-topf oder einen Bräter mit Deckel geben und mit der Harissapaste vermengen. Rote Zwiebel und Oliven zufügen und vermi-schen.

Die Falafel in die Tomatenmischung legen, sodass die obere Hälfte noch sichtbar ist. So werden sie sanft angebräunt und knusprig.

Den Deckel auflegen und das Gericht 30 Minuten backen, bis die Sauce köchelt und die Falafel goldbraun sind.

Den Deckel vorsichtig abnehmen und mit Petersilie und Meersalz bestreuen. Mit dem Sojajoghurt krönen und mit getoaste-ten Pitabroten heiß servieren.

 TIPPS & TRICKS
Fertigfalafel sind in den meisten Su-permärkten erhältlich. Achtet darauf, dass ihr eine Sorte ohne Ei und Milch wählt.

PITA-SAMBUSAK MIT PISTAZIEN UND KARTOFFELN

FÜR 4 PERSONEN

Diese gebackenen Pitataschen schmecken so aromatisch wie die libanesischen Sambusak, aber ihr spart euch die komplizierte Teigherstellung und das Frittieren. So könnt ihr auch übrig gebliebene Pitabrote, Kartoffeln und Zwiebeln aufbrauchen! Zu den Pitataschen serviert ihr Pickles in Pink (gegenüberliegende Seite).

3 EL Sonnenblumenöl

2 Ofenkartoffeln, gut geputzt und in 2 cm große Würfel geschnitten

2 Zwiebeln, geschält und in Halbringe geschnitten

6 Champignons (Hut geschlossen), geputzt und gewürfelt

1 Prise gemahlener Zimt

1 Prise gemahlener Kreuzkümmel

1 Handvoll geschälte Pistazien, grob gehackt

Meersalz und schwarzer Pfeffer aus der Mühle

4 Pitabrote, vertikal halbiert

1 EL Sesamsamen

✳

Den Backofen auf 200 °C (Ober-/Unterhitze) vorheizen.

2 EL Sonnenblumenöl bei mittlerer bis hoher Hitze in einer großen Pfanne heiß werden lassen. Kartoffeln, Zwiebeln und Champignons zufügen und 10–12 Minuten braten, bis die Kartoffeln angebräunt und die Zwiebeln weich sind.

Zimt, Kreuzkümmel und Pistazien zugeben und die Mischung unter häufigem Rühren 2 Minuten braten. Gut mit Salz und Pfeffer abschmecken.

Die Pitabrote vorsichtig mit einem scharfen Messer einschneiden, sodass man sie füllen kann. Dann in jede Pitatasche bis zu 2 EL Kartoffelmischung füllen und auf Backbleche legen. Die Taschen mit dem restlichen Öl bestreichen und mit Sesamsamen bestreuen.

10–15 Minuten backen, bis die Ränder knusprig und die Sesamsamen goldfarben sind.

 SO GEHT'S SCHNELLER

Die Pistazien-Kartoffel-Füllung kann bis zu 2 Tage im Voraus zubereitet und in einem luftdichten Behälter im Kühlschrank aufbewahrt werden. Später die Pitataschen damit füllen und im Ofen backen.

PICKLES
IN PINK

FÜR 4 PERSONEN ALS BEILAGE

Dieses knackige Pickles-Rezept mit Rotkohl und Radieschen ist in drei einfachen Schritten und ein paar Stunden erledigt. Ihr könnt Kichererbsentajine mit Karotten und Datteln (S. 137) damit krönen oder ihr serviert es zu Pita-Sambusak mit Pistazien und Kartoffeln (gegenüberliegende Seite) oder zu Döner Kebab mit Jackfrucht (S. 149).

2 rote Zwiebeln, geschält und in dünne Halbringe geschnitten
½ kleiner Rotkohl, in dünne Streifen geschnitten
4 Radieschen, geviertelt
100 ml Apfelessig
1 EL Ahornsirup
1 Prise Chiliflocken
Abrieb von 1 Bio-Zitrone

✳

Die roten Zwiebeln in eine feuerfeste Schüssel geben und mit kochendem Wasser bedecken. 10 Minuten ruhen lassen und dann vorsichtig abseihen.

Rotkohl, Radieschen, Apfelessig, Ahornsirup, Chiliflocken und Zitronenabrieb hinzufügen und alles gut vermengen.

Mit Frischhaltefolie oder einem Teller abdecken und mindestens 2 Stunden durchziehen lassen.

SO GEHT'S SCHNELLER
Diese Pickles sind nach 2 Stunden Einlegezeit verzehrfertig. Ihr könnt sie auch in ein sauberes Einmachglas füllen und in den Kühlschrank stellen, sobald sie abgekühlt sind. Dort bleiben sie bis zu 2 Wochen haltbar, knackig und aromatisch.

DÖNER KEBAB
MIT JACKFRUCHT

FÜR 4 PERSONEN

Wenn euch Samstagabend die Lust auf einen Kebab mit dazugehörigen Röstaromen überkommt, lasst ihr die fettige Fast-Food-Version links liegen und bereitet ihn selbst zu. Die süßen karamellisierten Zwiebeln sorgen für das gewisse Etwas, dem ihr nach dem ersten Bissen verfallen sein werdet.

Die gebratene Jackfrucht lässt sich gut einfrieren

1 EL Sonnenblumenöl
1 Zwiebel, in dünne Halbringe geschnitten
1 TL Rohrohrzucker
1 Knoblauchzehe, zerdrückt
1 TL geräuchertes Paprikapulver
1 Prise gemahlener Kreuzkümmel
1 Prise gemahlener Zimt
400 g Jackfrucht (aus der Dose),
   abgeseiht und abgespült, dann zerfasert
frisch gepresster Saft von ¼ Bio-Zitrone
1 Handvoll glatte Petersilie, fein gehackt
Meersalz

Zum Servieren
4 Pitabrote, getoastet
4 TL vegane Mayonnaise
Pickles in Pink (S. 145)
1 Handvoll gehackter Eisbergsalat
¼ Gurke, in Scheiben geschnitten
1 kleine Handvoll Dillspitzen

✳

Öl bei mittlerer bis hoher Hitze in einer Pfanne heiß werden lassen und die Zwiebel unter gelegentlichem Rühren 5 Minuten braten. Den Zucker darüberstreuen und weitere 5 Minuten sautieren, bis die Zwiebel leicht angebräunt und karamellisiert ist.

Knoblauch, Paprikapulver, Kreuzkümmel und Zimt zufügen und 1 weitere Minute braten.

Die Jackfruchtfasern zugeben und gründlich vermengen, bis sie gut mit Gewürzen und Zwiebel bedeckt sind. Unter häufigem Rühren 10 Minuten weiterbraten.

Die Pfanne vom Herd nehmen und Zitronensaft und Petersilie unterrühren. Mit 1 guten Prise Meersalz würzen.

Die Jackfruchtmischung in die getoasteten Pitabrote füllen und mit Mayonnaise, Pickles, Eisbergsalat, Gurkenscheiben und Dill ergänzen.

✦ **TIPPS & TRICKS**

Damit die Jackfrucht auch wirklich »pulled« aussieht, solltet ihr die Stücke mit den Händen zerfasern.

DJUVEC MIT AUBERGINE UND ORZO

FÜR 4 PERSONEN

Diese Variante des türkischen Eintopfs wurde nach dem Tontopf, in dem er traditionell zubereitet wird, Djuvec genannt. Aber ihr könnt ihn natürlich auch in einem (Schmor-)Topf mit Deckel garen. Serviert zum Gericht knuspriges Brot zum Dippen und genießt die Aromen des Orients.

Lässt sich gut einfrieren

1 EL Sonnenblumenöl
1 Aubergine, grob in 2 cm große Stücke gehackt
1 rote Zwiebel, geschält und grob gehackt
1 Zucchini, grob in 2 cm große Stücke gehackt
1 TL getrockneter Oregano
½ TL gemahlener Zimt
400 g stückige Tomaten, aus der Dose
1 TL Harissapaste
10 Kirschtomaten
10 entkernte grüne Oliven
4 EL getrocknete Orzo (Reisnudeln, ohne Ei)
1 EL Pinienkerne, leicht geröstet
1 kleine Handvoll glatte Petersilie
Meersalz

✳

Das Öl in einem großen (Schmor-)Topf mit Deckel erhitzen, die Aubergine zufügen und bei mittlerer bis hoher Hitze 4–5 Minuten anbräunen. Rote Zwiebel,

Zucchini, Oregano und Zimt zugeben und unter häufigem Rühren weitere 2 Minuten braten.

Stückige Tomaten und Harissa zufügen und anschließend Kirschtomaten und Oliven einrühren. Den Deckel halb auflegen, auf niedrige bis mittlere Temperatur reduzieren und unter gelegentlichem Rühren 15 Minuten köcheln lassen.

Orzo einrühren und 10 Minuten gar kochen.

Vom Herd nehmen, mit Pinienkernen und Petersilie bestreuen und mit 1 Prise Meersalz abschmecken.

TIPPS & TRICKS
Orzo ist eine Pastasorte in Reisform, die in großen Supermärkten oder im türkischen Feinkosthandel erhältlich ist (darauf achten, dass sie kein Ei enthält).

DATTEL-ORANGEN-SCHNECKEN MIT MUSKATNUSS

ERGIBT 8 STÜCK

Diese Schnecken duften fein und schmecken noch viel besser. Außerdem lassen sie sich schnell und einfach backen, ob als Nachspeise oder als süßer Snack zu einer Tasse Tee. Viele Blätterteigsorten aus dem Supermarkt sind vegan, da statt Butter Pflanzenöl verwendet wird. Die Herstellung der Schnecken macht also kaum Mühe.

250 g Datteln, entkernt und grob gehackt
½ TL geriebene Muskatnuss
Abrieb und frisch gepresster Saft von
 1 Bio-Orange
1 Rolle Fertigblätterteig (ohne
 Milchprodukte)

✳

Datteln, Muskatnuss, Orangenabrieb und -saft in einer Schüssel vermengen und 10–15 Minuten durchziehen lassen.

Den Backofen auf 200 °C (Ober-/Unterhitze) vorheizen. Den Blätterteig auf einem Brett ausbreiten.

Die Datteln abseihen (Orangensaft wegschütten) und auf dem Blätterteig bis an den Rand und in die Ecken verteilen.

Den Teig von einer der kurzen Seiten aus fest und gleichmäßig aufrollen und die Rolle mit einem scharfen Messer in 8 gleich große Stücke schneiden.

Die Schnecken auf ein Backblech legen und 10–12 Minuten goldbraun backen. Danach kurz abkühlen lassen und erst dann vom Blech nehmen.

SO GEHT'S SCHNELLER
Mit etwas Glück findet ihr im Supermarkt oder im Bioladen bereits gehackte Datteln, sodass ihr euch das Entkernen und Hacken spart!

✳

·

LOKMA-CHURROS

**Lokma sind eigentlich frittierte, in Sirup getränkte Teigbällchen, die
hier mit mediterranen Churros gekreuzt wurden. Die süße Leckerei
einfach in den zimtigen Ahornsirup-Dip tauchen.**

Für die Lokma-Churros
2 EL Sonnenblumenöl, plus 800 ml zum
    Frittieren
3 EL feinster Backzucker
½ TL Meersalz
½ TL gemahlener Zimt
130 g Mehl

Für den Zimt-Ahornsirup-Dip
4 EL Ahornsirup
1 Prise gemahlener Zimt
1 kleines Stück Zartbitterschokolade (ohne
    Milchprodukte), gerieben

2 EL Öl, Zucker, Salz und Zimt in einen
Topf geben, 250 ml kaltes Wasser zugießen und bei mittlerer Hitze zum Kochen
bringen. Das Mehl einrühren und zu einem
festen Teigball vermengen.

Das Öl zum Frittieren in der Fritteuse
oder einem tiefen Topf mit schwerem Boden erhitzen. Einen Klecks Teig in den Topf
tropfen. Wenn er zischt, innerhalb von

1 Minute nach oben steigt und goldbraun
wird, ist das Öl heiß genug.

Einen Spritzbeutel mit sternförmiger Tülle
mit dem Teig füllen. 5 cm lange Teigstü-
cke in das heiße Öl pressen und den Teig
jeweils mit der Schere an der Tülle ab-
schneiden. 2–3 Minuten frittieren, bis die
Churros goldbraun sind. Dann vorsichtig
mit dem Schaumlöffel aus dem Öl heben
und auf Küchenpapier oder einem sauberen Geschirrtuch abtropfen lassen.

Ahornsirup und Zimt in einer Schüssel vermengen. Die frittierten Lokma-Churros in
den Sirup tauchen und auf einen Servierteller legen. Mit der geriebenen Schokolade bestreuen und warm servieren.

 SO GEHT'S SCHNELLER
Den Teig könnt ihr am Vortag zubereiten und im Kühlschrank aufbewahren. Vor dem Spritzen auf Zimmertemperatur erwärmen.

REGISTER

Hinweise

Löffelmaßangaben: Falls nicht anders aufgeführt, sind stets gestrichene Löffel gemeint. EL und TL sind Abkürzungen für Esslöffel und Teelöffel.

Backofen: Der Ofen sollte stets auf die angegebene Temperatur vorgeheizt werden. Ein Ofenthermometer ist empfehlenswert. Die angegebenen Temperaturen gelten für konventionelle Backöfen mit Ober-/Unterhitze. Es wird empfohlen, die Backbleche stets mit Backpapier belegen.

Zitrusfrüchte: Bei der Verwendung ihrer Schalen auf Bio-Früchte zurückgreifen und diese zuvor heiß waschen. Zitrussaft sollte immer frisch gepresst sein.

Obst und Gemüse vor der Zubereitung immer waschen, putzen oder bei Bedarf schälen.

Katy Beskow ist eine preisgekrönte Köchin, Autorin und Kochkursleiterin mit einer Leidenschaft für saisonale Zutaten, bunte Gerichte und unkompliziertes Kochen am eigenen Herd. Inspiriert wurde sie ursprünglich durch den quirligen Obstmarkt in South London. Katy lebt inzwischen im ländlichen Yorkshire und kocht dort in ihrer kleinen (aber bestens ausgestatteten) Küche. Ihr Blog ist unter www.katybeskow.com zu finden. In deutscher Sprache erschien bereits ihr Kochbuch *Einfach vegan 5* – dies ist ihr fünftes Buch.

Publishing Director
Sarah Lavelle

Editor
Harriet Webster

Copy Editor
Clare Sayer

Art Direction and Design
Emily Lapworth

Cover Lettering and Illustration
Loz Ives

Photographer
Luke Albert

Food Stylist
Tamara Vos

Prop Stylist
Louie Waller

Make-up Artist
Dani Hooker

Head of Production
Stephen Lang

Production Controller
Katie Jarvis

Titel der Originalausgabe:
Vegan Fakeaway

First published in 2020 by Quadrille,
an imprint of Hardie Grant Publishing

Quadrille
52–54 Southwark Street
London SE1 1UN
quadrille.com

Deutsche Erstausgabe

1. Auflage 2021
© ars vivendi verlag GmbH & Co. KG
Bauhof 1, 90556 Cadolzburg
Alle Rechte vorbehalten
Deutsche Übersetzung: Manuela Schomann
Lektorat: ars vivendi
Satz: ars vivendi

Printed in China
ISBN 978-3-7472-0249-4